Irene Dalichow

Zimt

für ein gesundes Leben

Irene Dalichow

Zimt

für ein gesundes Leben

- Heilkräftig
- Vielseitig
- Köstlich
- Rezepte

HERBiG *Hausapotheke*

Die Ratschläge in diesem Buch sind von Autorin und Verlag sorgfältig geprüft, dennoch kann keine Garantie übernommen werden. Jegliche Haftung der Autorin bzw. des Verlages und seiner Beauftragten für Gesundheitsschäden sowie Personen-, Sach- und Vermögensschäden ist ausgeschlossen.

MIX
Papier aus verantwortungsvollen Quellen
FSC® C084279

Besuchen Sie uns im Internet unter: www.herbig-verlag.de

2. Auflage 2013

Umschlaggestaltung: Wolfgang Heinzel unter Verwendung eines Fotos von Ketterer Fotodesign, Stuttgart/Fellbach
Fotos:
Claudia Sanna: S. 15, 34, 47, 50, 64, 85, 98, 111, 113, 128, 130, 134
Irene Dalichow: S. 10, 30, 33, 40, 162
Elisabeth Bliklen: S. 160, 173
Christoph Berding: S. 103
Hieronymus Pauli: S. 105
Lektorat und Bildredaktion: Gabriele Berding
Satz: VerlagsService Dr. Helmut Neuberger & Karl Schaumann GmbH, Heimstetten
Gesetzt aus der 9,5/13,5 Utopia
Druck und Binden: Finidr s.r.o.
Printed in the EU
ISBN 978-3-7766-2499-1

Inhalt

Einleitung

Gewürze sind im doppelten Sinne des Wortes in aller Munde. Nicht nur Fachmagazine, sondern auch Publikums- und Frauenzeitschriften oder Tageszeitungen bringen seit kurzem immer wieder Artikel über das Thema. So veröffentlichte »Die Welt«[1] unter der Überschrift »Scharfe Bodyguards« einen Beitrag, in dem unter anderem Gelbwurz, Cayennepfeffer und Bockshornkleesamen als Gesundmacher herausgestellt wurden. In der Zeitschrift »Bunte«[2] sagte der Münchner Immunologe Dr. Peter Schleicher, scharfe Gewürze wie Zimt, Nelken und Wacholder stärkten die Abwehr optimal. Auf die Frage, warum so viele Laien und Ärzte auf die Heilkräfte von Pflanzen und auf andere Hausmittel vertrauen, antwortete er, dass viele dieser Mittel wissenschaftlich hervorragend untersucht seien. Und: »Heute weiß man, dass medikamentöse Therapien leider auch unerwünschte Nebenwirkungen haben und das Immunsystem schwächen können. Deshalb empfehlen auch viele Ärzte beispielsweise bei einer Erkältung zunächst natürliche Methoden, die dem Körper helfen, mit der Infektion selbst fertig zu werden. Denn können Infekte ohne Antibiotika ausheilen, werden die Abwehrkräfte enorm gestärkt. Man ist meist lebenslang vor Keimen, die man einmal erfolgreich bekämpft hat, geschützt, weil der Organismus Antikörper dagegen gebildet hat.«

Der bekannte Münchner Sternekoch und Kochbuchautor Alfons Schuhbeck sagte Ende 2005 in einem Fernsehinterview[3], er lege größten Wert auf Gewürze. Er bringe sie den Menschen nahe, die bei ihm essen und Seminare besuchen. Nicht nur wegen ihrer geschmacksverfeinernden

Effekte liebe er Gewürze, sondern auch wegen ihrer gesundheitlichen Wirkungen, zum Beispiel auf die Verdauung. Er bemerke eine große und immer weiter wachsende Aufgeschlossenheit dafür. Die Menschen könnten derzeit gar nicht genug darüber erfahren.

▲ *Gewürzstand auf dem Viktualienmarkt in München*

Eine besonders beliebte Spezerei ist bei uns schon seit dem Mittelalter der Zimt. Sogar Hildegard von Bingen erwähnt ihn. Sie schreibt in »Heilkraft der Natur – Physica«, er habe starke Kräfte, besonders für Gichtkranke und Menschen, denen »der Kopf schwer und stumpf« ist.

Wir kennen ihn als Lebkuchen- und Glühweingewürz oder als Aufpepper von Milchreis. Aber das ist nur ein Bruchteil dessen, was er kann. So wird er seit einiger Zeit Menschen mit Diabetes II, dem so genannten »Altersdiabetes«, empfohlen, denn amerikanische Wissenschaftler haben untersucht und bewiesen, dass der regelmäßige Verzehr von qualitativ hochwertigem Zimt Betroffene dabei unterstützt, ihre Insulinwerte in den Griff zu bekommen.

Zimtpulver in den Schuhen gleicht die Temperatur der Füße aus, das heißt, Zimt kühlt heiße und wärmt kalte Füße. Außerdem wirkt er gegen Pilze, Bakterien und Viren, er entspannt überlastete Füße und natürlich verbreitet er einen äußerst angenehmen Duft.

In der Aromatherapie spielen die drei verschiedenen ätherischen Öle vom Zimt eine wichtige Rolle, denn zum Beispiel wärmen sie, sie entspannen, desinfizieren, stärken und regen an, auch im erotischen Bereich übrigens.

Wir haben es also hier mit einem Tausendsassa zu tun, einer Art Wunderheiler, einem Vieleskönner. Dabei müssen seine Dienste weder teuer bezahlt werden, noch kosten sie viel Zeit.

Die sechs berühmten Fragen – wer, wo, wann, wie, was, warum – werden Sie in den folgenden Kapiteln beantwortet finden. Und zwar auf eine Art und Weise, dass Sie so richtig Lust auf ihn bekommen.

In dem wunderschönen, preisgekrönten Film »Zimt und Koriander« (im Original: »A Touch of Spice«), der Astronomie und Gastronomie zusammenbringt, steht Salz für die Erde, Pfeffer für die Sonne und Zimt für die Venus. Die Assoziation zu Lust, Liebe und Erotik ist also überhaupt nicht weit hergeholt.

In diesem Sinne wünsche ich Ihnen viel Freude beim Experimentieren. Und ich wünsche Ihnen Ergebnisse, die Ihrem Wohlbefinden nützen.

Irene Dalichow.

Wunderbare Röhrchen

¡De canela!

Wörtlich übersetzt bedeutet dieser spanische Ausruf: aus Zimt. Die Bedeutung allerdings lautet: Wunderbar. Fantastisch.

Canela aber heißt, ganz genau genommen, »Röhrchen«. Denn Zimtstangen sind ja die zu kleinen Rohren zusammengerollten, von der Außenborke befreiten inneren Rindenstücke der Zweige verschiedener Bäume der Lorbeerfamilie. Ursprünglich waren diese Bäume in Ceylon/Sri Lanka und dem Südwesten Indiens zu Hause.

Auf Französisch heißt das Gewürz »cannelle«, auf Englisch hingegen »cinnamon«, was sich vom lateinischen »cinnamomum« ableitet. Auch unser Wort Zimt stammt daher. Der Brockhaus erklärt, Zimt, Zimmet, habe sich aus »cinment« gebildet, und zwar über griechisch-lateinisch »cinnamum«, was einen malaischen Ursprung habe. Weiter erklärt er: »Das Zimtöl, das zu Arznei, Duftstoff, Likören verwendet wird, stammt hauptsächlich von Rindenabfällen.«

Zur Gattung der Zimtgewächse werden etwa 150 verschiedene tropische Baumarten gerechnet, die ursprünglich alle aus Süd- oder Südostasien stammen und dort schon immer als Heilmittel und zum Würzen verwendet wurden. Nur drei davon sind heute wirtschaftlich wichtig, im Hinblick auf den europäischen Markt sind es nur zwei.

Die Zimtsorte mit der längsten geschichtlichen Bedeutung ist Kassia (Cinnamomum cassia), auch Kassie, Chinesischer Zimt oder Kassiazimt genannt. Kassia stammt aus dem Südosten Chinas. Dort wurde sie bereits fast 3000 Jahre vor unserer Zeitrechnung als Gewürz und zu medizinischen Zwecken verwendet. Schon wenig später gelangte sie über die Seiden- und Gewürzstraßen nach Mesopotamien. Heute wird sie nicht nur in China, sondern auch in Japan, Vietnam und Indonesien angebaut. Sie schmeckt nicht so raffiniert wie ceylonesischer Zimt und besitzt auch nicht so vielseitige Heilwirkungen wie dieser. Außerdem sehen die zusammengerollten Kassia-Streifen viel gröber aus als die wunderbaren Röllchen des ceylonesischen Zimt.

Kassia wird hauptsächlich in die USA importiert. Hier im deutschsprachigen Raum ist sie nicht sehr verbreitet. Allenfalls findet man sie im Winter in Blumengeschäften für adventliche Gestecke.

Die zweite, aus Indonesien stammende Sorte heißt Padangzimt (Cinnamomum burmanii) und ähnelt im Geschmack dem ceylonesischen Zimt. Er besitzt für den deutschen Markt einige Bedeutung.

Die dritte Sorte steht bei uns an erster Stelle: der Ceylonzimt (Cinnamomum verum, ceylanicum oder zeylanicum). Wie der Name nahelegt, kommt er ursprünglich aus Ceylon/Sri Lanka und Südwestindien, wo bis heute die größten Anbaugebiete liegen. Daneben wird er aber auch auf den Seychellen und in Madagaskar kultiviert. Ceylonzimt verfügt, jedenfalls wenn er frisch und von guter Qualität ist, über ein raffiniertes Aroma und erstaunliche Wirkungen für das körperliche Wohlbefinden.

In diesem Buch geht es, wenn nicht ausdrücklich anders vermerkt, um ebendiesen ceylonesischen Zimt.

Manche Tiere, zum Beispiel Bären und Hirsche, wissen um die Heilkraft der Kräuter und Gewürze. Sie verzehren sie bei Bedarf ganz gezielt. Gorillas fressen Baumrinden, wenn sie sich nicht wohl fühlen.

Die Menschen, die in grauer Vorzeit lebten, beobachteten das Verhalten der Tiere, machten selbst die Probe aufs Exempel und taten dann mithilfe ihrer eigenen Talente, Inspirationen und heilerischen Fähigkeiten weitere Schritte. So ließen sie beispielsweise die Rinde des Zimtbaumes fermentieren, damit sich ihre Heil- und Würzkraft optimal entfaltete.

Bis heute ist die pharmazeutische Industrie überaus interessiert an Wissen, das auf diese Weise gewonnen wurde, zum Beispiel dem der Indianer in den Regenwäldern Südamerikas.

Und bis heute gibt es in unserer Kultur Männer und Frauen, die durch genaue Beobachtung und mithilfe ihrer gut entwickelten Intuition einen solchen Zugang besitzen. Die bekannte Künstlerin, Autorin und »weise Frau« Luisa Francia schreibt im Januar 2006 in ihrem Web-Tagebuch[4] Folgendes: »Seit ich das erste Mal 1980 in Afrika war, habe ich mich gefragt, was ist diese Faszination, diese unerklärliche Sehnsucht, die ich für Afrika verspüre? Auf meinen ersten Reisen war ich schwer krank, weil ich der Schulmedizin folgte. Lariam [ein Medikament, I.D.] zerstörte fast meine Leber. Seit ich mit den ›kleinen Leuten‹, den afrikanischen Bakterien und Viren, mit Artemisia, mit Zimtrindentee, mit Ingwer, mit Baobabfrucht, mit Chili kooperiere, verstehe ich sie viel besser.« Und seitdem geht es ihr gut, wenn sie sich in Afrika aufhält. Mit Gewürzen kommt sie in ihr Gleichgewicht, was ihr mit Hämmern aus der pharmazeutischen Industrie nicht gelingt.

Zu Anfang konnten sich die Menschen nur mit den Dingen helfen, die dort zur Verfügung standen, wo sie lebten oder wo sie während ihrer Wanderungen als Nomaden vorbeikamen. Aber irgendwann begann der Handel.

Zimt war eines der ersten Gewürze, die ihren Weg über die alten Fernhandelsstraßen in fremde Länder fanden. Als frühestes Zeugnis für einen solchen Fernhandel gelten die Wandreliefs des Totentempels von Deir el-Bahri, errichtet von der Pharaonentochter Hatschepsut. Die Reliefs sind fast 3500 Jahre alt und zeigen Expeditionen mit Lasttieren, die vom Nildelta aus zum Roten Meer führten. Von dort wurden Schiffe benutzt, die in Richtung Süden zum legendären Land Punt segelten. Der Zweck dieser gefährlichen und beschwerlichen Reisen bestand vor allem im Handel mit Weihrauch und Myrrhe. Das sind getrocknete Baumharze, die man zum Räuchern und Einbalsamieren der Toten benutzte. Zimt wurde ebenfalls zu diesem Zweck verwendet, als Speisegewürz jedoch offenbar nicht.

Da Zimt in früheren Zeiten, wie gesagt, nur auf Ceylon (dem heutigen Sri Lanka) und im Südwesten von Indien wuchs, muss es bereits im Altertum einen Seeweg über das Arabische Meer nach Indien gegeben haben.

Archäologen berichten, dass eine Mumie aus der 20. Dynastie (1200 bis 1085 vor Christus) selbst nach über 3000 Jahren noch Gewürzduft verströmte: »Die Mumie ist überall von einer dicken Gewürzschicht bedeckt … Diese Schicht, die nirgends weniger als 2,5 Zentimeter dick ist und sich überall zwischen Haut und Bandagen befindet, … strömt immer noch einen schwachen Zimtduft aus.«[5]

Gewürze gehörten einst als Heil- und Konservierungsmittel sowie als Parfums zu den teuersten Gebrauchsgütern. Manche wurden eins zu eins mit Gold aufgewogen – beispielsweise Pfeffer und Safran. (Safran besteht aus den Samenfäden eines Krokus. Er ist sehr leicht und die Ernte gestaltet sich mühselig – daher der hohe Preis.)

Andere Gewürze sind getrocknete Wurzeln, Knospen, Samen, Beeren und Stängel.
In einem seiner Bücher[6] liefert Starkoch Alfons Schuhbeck folgende Definition für Kräuter und Gewürze: Kräuter sind die Blätter von frischen oder getrockneten Pflanzen. Gewürze sind Pflanzenteile wie Knospen, Früchte, Samen, Beeren oder Rinden.
Es gibt eine große Zahl von anderen Definitionen, gerade unter Spezialisten unterschiedlicher Fachbereiche, aber Schuhbecks Formulierung ist im Prinzip richtig. Sie ist handlich und passt für Laien ausgezeichnet. Während meiner Recherchen zu diesem Buch habe ich sie von den Spezialisten prüfen lassen, mit denen ich gesprochen habe. Sie waren damit einverstanden … wenigstens einigermaßen.

Um die 1000 Jahre vor unserer Zeitrechnung drangen die Phönizier vom heutigen Südlibanon gen Westen und Norden nach Südspanien und Südengland vor. So gelangten Zimt, Nelken, Pfeffer und andere Spezereien in diese Regionen. Im östlichen Mittelmeerraum wiederum wuchs eine Fülle von Gewürzen und Kräutern, die gegen die Kostbarkeiten aus dem Osten getauscht wurden, zum Beispiel Korianderkraut und -samen, Fenchel, Anis, Mohn, Sesam und Dill. Diese köstlichen Zutaten fanden so ihren Weg nach Indien und Ceylon, wo sie die Köche inspirierten und lokale Kräutergärten bereicherten. Wie sich all dies im Einzelnen abspielte, können wir nur vermuten. Aber bestimmt würde es ein weiteres Geschichtenbuch aus Tausendundeiner Nacht füllen.
Im Hohelied Salomos, dem wohl erotischsten Text der Bibel, wird die Geliebte mit einem Gewürzgarten verglichen. Zimt kommt auch vor. Wobei

das Alte Testament natürlich keine Verbindung zur Liebesgöttin Venus/Aphrodite herstellt.
Als Moses die Juden aus ägyptischer Gefangenschaft führte, gelangte die Duftkultur der Ägypter mit dem Volk Israel nach Palästina. Daher sind in der Bibel auch noch an anderen Stellen Hinweise auf Gewürze, sogar Rezepte zu finden, zum Beispiel für Salböle. Gott selbst soll Moses ein Rezept für ein Salböl gegeben haben, das neben Olivenöl, Myrrhe und Kalmus Ceylonzimt und Kassia enthält. Auch über die desinfizierende Wirkung von Zimt berichtet die Bibel. Offenbar wurde er dem Trinkwasser beigemengt, um Seuchen vorzubeugen.
Bis heute lebt der rituelle Gebrauch von Salbölen fort, die viele Gewürze enthalten. Besonders die orthodoxe Kirche verwendet sie gern, sie finden sich aber auch in der römisch-katholischen Kirche.
Die Römer begannen im ersten Jahrhundert nach Christus, nach Indien zu segeln. Sie liebten die Gewürze, die sie von dort mitbrachten, und verwendeten sie in der Küche, als Medizin und als Parfum. Vom römischen Kaiser Nero ist bekannt, dass er verschwenderisch mit Zimt umging. Zu Ehren seiner verstorbenen Frau Popäa soll er in Rom Feuer abgebrannt haben, die nicht auf der Basis von Kohle oder Holz, sondern von Zimt brannten.
Zu uns nach Mitteleuropa gelangten die kostbaren und exotischen Güter erst im frühen Mittelalter. Von da an teilten sich die Ägypter und die Venezianer das europäische Gewürzmonopol. Die Preise wurden mit der Zeit immer horrender. Im 15. Jahrhundert war Venedig durch den Handel mit Gewürzen derart reich geworden, dass es Neid erweckte. Die Pracht der Bauten dort, die wir noch heute bewundern, ist direkt darauf zurückzuführen.

Also machten sich andere Seefahrer-Nationen auf die Suche nach neuen Seerouten in den Osten, dahin, »wo der Pfeffer wächst«. 1487 fand der Portugiese Bartolomeu Diaz einen Weg um das Kap der Guten Hoffnung im Süden Afrikas zum Indischen Ozean. Andere sollten folgen. Nun konnten die Preise der Venezianer unterboten werden und Lissabon begründete seinen eigenen Reichtum.

Im Jahr 1492 überquerte Christoph Columbus im Auftrag des spanischen Königshauses den Atlantischen Ozean in Richtung Westen, um einen noch kürzeren Seeweg nach Indien herauszufinden. Jawohl, Columbus' berühmte Reise fand wegen der Gewürze statt!

Dabei entdeckte er Amerika, die »Indianer« (auf Englisch: the American Indians, die amerikanischen Inder) und ganz neue, dort beheimatete Nahrungsmittel wie Tomaten, Mais, Kakao, Erdbeeren, Kürbisse, Kartoffeln. Bisher unbekannte Gewürze waren Vanille, Chili und Piment.

Später konkurrierten Spanier, Briten und Niederländer mit allen möglichen Methoden, nicht nur mit denen der feinen englischen Art, um die würzigen Waren aus Südamerika, der Karibik und der östlichen Welt.

Mitteleuropa war von Natur aus relativ arm an Gewürzen. Hier gab es nicht viel mehr als Senfkörner, Wacholder und Kümmel. Vielleicht rührte der Hunger unserer Vorfahren nach den die Sinne betörenden Schätzen ja daher. Zeitweise besaßen Gewürze zusätzlich einen hohen ideellen Wert. Ihre Seltenheit, ihre weit entfernte Herkunft und ihre hauptsächliche Verfügbarkeit für Reiche und Privilegierte machten sie zu Prestigeartikeln. Die Suche nach Gewürzen und Gold war eine der wichtigsten Triebkräfte der europäischen Expansion im 15. Jahrhundert.

◂ *Gewürze – früher fast unbezahlbar, heute für jeden erschwinglich*

Vom 17. Jahrhundert an avancierten Kaffee, Tee und Zucker zu neuen Luxusgütern, welche die Gewürze verdrängten.
Hier zu uns in den deutschsprachigen Raum gelangten die scharfen Sachen früher vor allem von Venedig aus über die Alpen. Auf beschwerliche Weise wurden sie über alte römische Handelswege mit Lasttieren oder direkt auf dem Rücken der Händler durch die Berge getragen. Wenn die Ebene erreicht war, ging es auf der Isar mit Flößen weiter. Da, wo heute das Deutsche Museum steht, war früher der Münchner Floßhafen, ein wichtiger Ort für den Gewürzhandel.
Ein weiteres Zentrum für Gewürze war Nürnberg, von wo aus die teuren Güter nicht nur verteilt, sondern wo sie auch zum Bestandteil toller Rezepte wurden, zum Beispiel von Lebkuchen und Glühwein.
Weil Gewürze, wie gesagt, bis zum 17. Jahrhundert bei uns extrem teuer waren, wurden sie lediglich von gut Betuchten regelmäßig verwendet. Ärmere Leute leisteten sie sich nur an Festtagen beziehungsweise sie beschränkten sich für den alltäglichen Bedarf auf Lokales: Senfkörner bzw. Senf, Wacholderbeeren, Kümmel und natürlich frische heimische Kräuter wie Petersilie, Dill, Schnittlauch, Minze.
Präsent waren Gewürze seit dem Mittelalter allerdings immer in den Apotheken der Klöster. Aus diesem Grund stammen von Klöstern besonders leckere Rezepte mit diesen Zutaten.
Heute gehören Gewürze überall ganz selbstverständlich dazu. Dabei ist Pfeffer das Lieblingsgewürz der Deutschen. Auch weltweit steht er an der Spitze, gefolgt von Capsicum-Gewürzen, also Paprika, Chili und Cayennepfeffer. Safran, Vanille und Kardamom bleiben die teuersten.
Neunzig Prozent des internationalen Gewürzhandels bestehen aus dem

Handel mit ganzen, einzelnen Gewürzen. Currypulver – indische Bezeichnung: masala – ist die einzige Mischung, die international ins Gewicht fällt.

Mehr als 80 Prozent der Spezereien stammen aus Entwicklungsländern, wo die Produktion und der Export einen wichtigen Teil der Wirtschaft darstellen. Es schadet auf keinen Fall, darauf zu achten, dass das, was ich kaufe, aufgrund der Prinzipien des fairen Handels zu uns gekommen ist.

Nordamerika besitzt als Gewürzlieferant kaum Bedeutung. Australien liefert lediglich Ingwer in nennenswerter Menge. Es führen jedoch beide Kontinente wegen ihrer multikulturellen Bevölkerung große Mengen und eine reiche Vielfalt an Gewürzen ein. In Städten wie San Francisco und Sydney bringen heute kenntnisreiche und kreative Kochkünstler die köstlichsten kulinarischen Schöpfungen auf den Tisch – nie Dagewesenes, das Nord, Süd, Ost und West miteinander vermählt und das mithilfe von »natürlichen Geschmacksverstärkern« aus allen Teilen der Erde die Sinne weckt, schärft und jubilieren lässt.

Eine solche Persönlichkeit ist Annie Somerville, die Chefköchin des wohl berühmtesten vegetarischen Restaurants an der amerikanischen Westküste, »Greens« in San Francisco. Greens bedeutet »Grünzeug«, aber das ist mit einem Augenzwinkern gemeint, denn es handelt sich hier um ein wirkliches Gourmet-Restaurant. Kräuter und Gewürze spielen eine wesentliche Rolle, die verwendeten Zutaten sind alle frisch und »organic«, so der amerikanische Begriff für »bio«.

Frühlings-Gemüsecurry

Hier ist ein Rezept von Annie Somerville für ein köstliches Gemüsecurry, das wie fast alle Currygerichte Zimt enthält. Es stellt Heilnahrung par excellence dar, und es tut nicht nur gut, sondern schmeckt auch noch süchtigmachend wundervoll.
Später im Buch finden Sie einfachere Rezepte für Gemüsecurrys. Dies hier ist ein bisschen aufwändiger, aber dafür stammt es auch von einem Stern am Himmel der Gastronomie.
Das Curry gelingt besonders mit frischen Erbsen, den winzigen, runden Dingern, aber auch den ganzen Schoten, sofern sie noch klein und zart sind.
Im Sommer dürfen Sie die Erbsen durch frische Bohnen ersetzen.
Überhaupt passen in dieses Curry noch andere Gemüse als die aufgeführten, zum Beispiel Zucchini. Sie dürfen gern einige Kartoffeln mehr hinzufügen und das Gericht wie einen Eintopf essen. Sonst schmeckt es gut mit Reis als Beilage.
Es stellt ein hervorragendes Beispiel dafür dar, dass Gewürze wie Zimt, Nelken und Kardamom nicht nur in Wintergerichte passen, sondern dass sie das ganze Jahr über schmecken.

Die Gewürze

1 Teelöffel Kreuzkümmelsamen
2 Teelöffel Koriandersamen
1 Teelöffel Fenchelsamen

½ Teelöffel Bockshornkleesamen
½ Teelöffel schwarzer Senfsamen
½ Teelöffel Zimt
¼ Teelöffel Kardamom
¼ Teelöffel Nelken
(Zimt, Kardamom und Nelken am besten frisch gemahlen)
¼ Teelöffel Cayennepfeffer

Kreuzkümmel-, Koriander-, Fenchel-, Senf- und Bockshornkleesamen und schwarzen Pfeffer ungemahlen in eine ungefettete Pfanne geben und die Gewürze über schwacher Hitze anrösten. Immer wieder schütteln oder rühren, bis sie ein betörendes Aroma verströmen. Dann in einer Gewürzmühle mahlen oder mörsern. Mit den anderen, bereits gemahlenen Gewürzen vermischen.

Das Gemüse

Etwa 2 Tassen frische, gepellte und in Würfel geschnittene Tomaten (oder die gleiche Menge Dosentomaten mit Saft)
1 ½ Tassen kaltes Wasser
Salz (am besten ungebleichtes, unraffiniertes Meersalz oder Steinsalz)
3 Esslöffel frischer, geschälter und winzig klein geschnittener Ingwer
3 Tassen frische Erbsen (Bohnen)
1 Teelöffel Erdnussöl
2 Tassen klein geschnittene Gemüsezwiebeln (weiß oder rot)

4 Knoblauchzehen, geschält und winzig klein geschnitten
2 mittelgroße Mohrrüben
500 g neue Kartoffeln, geschält und in Stücke geschnitten (eventuell mehr)
ein halber kleiner Kopf Blumenkohl, in Röschen zerkleinert
1 1/2 Tassen Kokosmilch aus der Dose oder aus der Packung
Cayennepfeffer

(Wer auf Kalorien oder den »glykämischen Index« achten muss, sollte mit Kokosmilch vorsichtig sein. Der Geschmack ist zwar herrlich, und sie sättigt auch richtig gut, aber der Kaloriengehalt ist beachtlich. Es handelt sich um einen richtigen Dickmacher. Einen Kompromiss können Sie damit eingehen, dass Sie statt Kokosmilch 1 bis 2 Esslöffel Kokosflocken plus ein wenig frische, süße Sahne verwenden. Sie dürfen aber Kokos auch ganz weglassen. Dieses Curry schmeckt trotzdem fantastisch.)

Die Tomaten mit dem kalten Wasser, Salz, der Hälfte des Ingwers und einem Teelöffel der vorbereiteten Gewürzmischung in einen mittelgroßen Topf geben. Bei niedriger Hitze etwa 20 Minuten lang leise köcheln lassen, während das andere Gemüse kocht.
In einem kleinen Topf Wasser zum Kochen bringen und etwas Salz hinzufügen. Die Erbsen bzw. die Bohnen einige Minuten lang kochen lassen, bis sie gerade eben gar sind. Unter kaltem Wasser abspülen. So behalten sie ihr Frühlingsgrün.
Beiseite stellen.

Das Öl in einem großen Topf erhitzen. Die Zwiebeln und etwas Salz hineingeben und 7 bis 8 Minuten lang andünsten. Knoblauch, Mohrrüben und Kartoffeln hinzugeben. Etwa 10 Minuten lang bei mittlerer Hitze dünsten lassen. Blumenkohl, noch etwas Salz, den restlichen Ingwer und die restlichen Gewürze zugeben. Etwa 5 Minuten lang unbedeckt köcheln lassen.
Die Tomatenmischung und die Kokosmilch zugeben. Das gesamte Gemüsecurry 30 Minuten lang ohne Deckel köcheln lassen.
Erst ganz zum Schluss die Erbsen/Bohnen zugeben. Mit Cayennepfeffer abschmecken.
Guten Appetit!

▲ *Frische Erbsen sind ein wichtiger Bestandteil dieses Gemüsecurrys*

Und hier zum Abschluss des Kapitels über die »wunderbaren Röhrchen« noch ein Rezept für eine traditionelle Leckerei aus dem Nahen Osten. Der Name lautet Khoshaf.

Kompott aus Dörrfrüchten/Khoshaf

150 Gramm getrocknete Pflaumen
150 Gramm getrocknete Aprikosen
nach Belieben: 100 Gramm getrocknete Äpfel, Birnen oder Feigen
1 Esslöffel Rosinen
1 Zimtstange
Saft von 1 Orange oder 1 Zitrone
nach Belieben: 1–2 Gewürznelken, 1 Kapsel Kardamom, 1 Esslöffel gehackte Nüsse oder Mandeln

Das Trockenobst und die Zimtstange über Nacht in Wasser einweichen. Das Wasser zum größten Teil abgießen, etwa 200 ml davon behalten. Das Obst zusammen mit dem Wasser und den Gewürzen in einen flachen Topf geben. Etwa 20 Minuten lang bei geringer Hitze köcheln lassen, bis es weich ist. Den Fruchtsaft darübergießen und mit den Nüssen bestreuen. Warm oder kalt mit Pfannkuchen, süßen Klößen oder Joghurt servieren.

Auf dem Gewürzpfad

Der Botanische Garten in München weist eine Besonderheit auf, die bei Freunden von »scharfen Sachen« Begeisterung erweckt – einen Gewürzpfad. Das heißt, in einem der Gewächshäuser sind die lebendigen Pflanzen von Piment, Vanille, Cayennepfeffer, schwarzem Pfeffer, Kardamom, Zitronengras und anderen Gewürzen zu finden. Sogar ein Curryblattbaum ist dabei. Ja, so heißt er tatsächlich: Curryblattbaum.
Es gibt auch einen Weißzimtbaum, der auf den Westindischen Inseln und in Florida heimisch ist und dessen Rinde dort zum Aromatisieren hergenommen wird. Außerdem einen Ceylonesischen Zimtbaum, dessen eigentlichen Stamm man kürzlich fällen musste, der aber trotzdem von sich aus schon wieder kräftig nachwächst. Die Blätter, wichtig für die Gewinnung von ätherischem Öl, sind größer, als ich vermutet hatte – so etwa wie eine schmale Frauenhand. Ihr leuchtendes Grün und die deutlich sichtbare Aufteilung finde ich bemerkenswert.
Folgender Text ist zur Erklärung angebracht: »Der Ceylonzimt ist ein immergrüner, bis 20 Meter hoch wachsender Baum mit eiförmigen, gegenständigen Blättern, die durch drei Längsnerven charakterisiert sind. Die weißlichen Blüten sind klein und unscheinbar. Die reifen Früchte werden im unteren Bereich von einem fleischigen Blütenbecher eingehüllt. Von etwa zweijährigen Zweigen wird die Rinde geschält und von der äußeren Borke befreit, so dass nur der feine Bast übrig bleibt. Dieser rollt sich beim Trocknen nach beiden Seiten zusammen. Erst nach drei oder vier Wochen entstehen durch einen Fermentationsprozess die charakteristisch braune Farbe und das typische Aroma.«

Die Gewürzpflanzen sind alle mit solch ausführlichen Informationen bestückt. Etwas knapper gefasst sind die Schilder an den anderen interessanten Pflanzen in diesem Gewächshaus, beispielsweise Reis, Bananenstauden, Zuckerrohr und einem Kakaobaum.
Ich erhalte eine private Führung von Dr. Ehrentraud Bayer, einer Biologin und promovierten Botanikerin. Sie ist die stellvertretende Direktorin des Botanischen Gartens München und arbeitet hier seit 1993. Unter anderem zeichnet sie für den Bereich tropische Nutzpflanzen verantwortlich.
Ihre Doktorarbeit schrieb sie über eine Pflanzengattung in Chile, das Jahr 1981 verbrachte sie dort. Man merkt ihr die Begeisterung für dieses Land an, für seine Kultur, auch für die dortige Küche und die Gewürze.
Sie weiß, dass ein nur in Chile wachsender Zimtbaum der heilige Baum der dortigen Indianer ist.
Auch sonst gibt es beim Gang mit ihr durch das üppig grüne Gewächshaus eine Menge zu lernen, zum Beispiel, dass ein Wurzelstock oder Rhizom (Ingwer, Galgant, Kurkuma) keine Wurzel ist, sondern eine »unterirdische Spross-Achse«. Aus einer Wurzel könnte man keine neue Pflanze bekommen. Wenn man aber ein Rhizom in einen Blumentopf mit Erde legt, es gießt und ihm ein bisschen Zeit gibt, fängt es an zu wachsen.
Mit Kurkuma, Safran, Zimt und Wacholder wurde früher gefärbt. Wie die Farbe jeweils genau herauskam, hing von der Beize ab, die zusätzlich verwendet werden muss. Frau Dr. Bayer bietet für Studenten und auch für normale Sterbliche Färb-Kurse an. Sie zeigt mir ein von ihr selbst gefärbtes Seidentuch in leuchtenden Gelb- und Orangetönen.
Sie ist eine der Kandidatinnen, denen ich Alfons Schuhbecks Definition für Kräuter und Gewürze zur Prüfung vorlege: Kräuter sind die Blätter von

◀ *Der Ceylonesische Zimtbaum im Botanischen Garten München*

frischen oder getrockneten Pflanzen. Gewürze sind Pflanzenteile wie Knospen, Früchte, Beeren, Samen, Wurzeln oder Rinden.
Genau wie die anderen von mir befragten Fachleute findet diese Definition ihre grundsätzliche Zustimmung, wobei sie als Botanikerin den Begriff »Kraut« etwas anders versteht als der Gourmetkoch. Sie würde sagen: Küchenkräuter sind die Blätter von frischen und getrockneten Pflanzen. Das Wort Botanik leitet sich übrigens vom griechischen Wort »botane« ab, Kraut. Botanik steht für Pflanzenkunde. Ein Botanischer Garten ist eine Gartenanlage als Hilfsmittel für Forschung und Unterricht in Botanik. Sonderformen sind Alpengarten und Schulgarten.
(Der Botanische Garten München, der mit der Münchner Universität zusammenhängt, hat auch einen Alpengarten.)
Das ganze Jahr über kann man in der großzügigen Anlage an der Menzinger Straße spazieren gehen, sich erholen und an den herrlichen Pflanzen freuen. Ein Besuch der Gewächshäuser in der ungemütlichen Jahreszeit kann geradezu therapeutische Wirkung zeigen, denn hier taucht man in eine Welt voller Üppigkeit, Wärme und Farben ein, während sich draußen der alte Winter in seiner Schwäche austobt.
Der Gewürzpfad ist ein Überbleibsel von einer Ausstellung »Welt der Gewürze«, die das Deutsche Museum München 2002 veranstaltete und die auf breites Interesse stieß. Aus dem Katalog, der zur Ausstellung erschien und der von der Leiterin der Abteilung Chemie des Deutschen Museums, Dr. Elisabeth Vaupel, verfasst wurde, sind viele Informationen in dieses Buch eingeflossen.

GRADE
CROP
GROSS

Im übertragenen Sinne auf dem Gewürzpfad befand ich mich Ende Februar 2006, während eines langen, harten, anstrengenden Winters. Ich hatte einen schweren grippalen Infekt mit 40 Grad Fieber, starken Kopf- und Halsschmerzen und einem ständigen Übelkeitsgefühl. Trotzdem nahm ich außer einem leichten Schmerzmittel und abschwellenden Nasentropfen keine Medikamente. Denn ich weiß aus Erfahrung, dass mein Körper lieber auf seine eigene Weise mit unliebsamen Besuchern fertig wird, als sich der Hilfe von Antibiotika anzuvertrauen. Und dass ich mich körperlich-seelisch nach überstandenem Fieber und bewältigter Krankheit fantastisch fühle, fast »high«.

Während der heißen Phase mochte ich nichts zu mir nehmen als Wasser, Kamillen- oder Fencheltee – Tees, die mich normalerweise nicht hinterm Ofen hervorlocken. Ab und zu lutschte ich einen Teelöffel Honig, was ich für Hals, Magen und den gesamten Körper als sehr wohltuend empfand.

Weil ich während der Zeit an diesem Buch arbeitete, dachte ich immer wieder an Milch mit Zimt und anderen Gewürzen und an Gewürzhonig, aber in den ersten Tagen der Krankheit war das nicht das Richtige. Ich war erstaunt, wie genau mir mein Körper anzeigte, was ihm im Moment gut tat und was nicht.

Die Zeit für Gewürz-Zubereitungen war definitiv erst dann gekommen, als das Fieber sich verabschiedet hatte. Meine erste richtige Mahlzeit wurde ein Currygericht aus über Nacht eingeweichten getrockneten Erbsen, einer Kartoffel und frischem Rosenkohl, zubereitet mit einer von mir individuell und frisch zubereiteten Currygewürzmischung, in der besonders viel Zimt (gut für Magen und Hals, zudem wärmend) und Schwarzkümmel enthalten waren (tötet Bakterien und Viren, erweitert die

Zutaten für eine individuelle, köstliche Curry-Gewürzmischung ▸

Bronchialgefäße, unterstützt das Abwehrsystem). Ich füllte diese ungewöhnliche und mir bisher ganz und gar unbekannte Zusammenstellung in einen tiefen Teller, bestreute sie mit knackig-frischem Dill und freute mich über den angenehmen Anblick und Duft. Meine Nase war noch ziemlich zu, aber das würzige Aroma drang durch alle Poren.

Genauso war es dann mit dem scharfen, köstlichen Geschmack. Er ließ sich durch nichts den Spaß verderben. Was für ein Genuss, nach Tagen des Unwohlseins auf einmal wieder richtig reinzuhauen und die Liebe zu spüren, die durch den Magen geht!

Der noch entzündete Hals bekam seinen Teil ab, das heißt, dort kratzte es ein bisschen, aber es war ein »Wohl-Weh«, ein Schmerz, bei dem man spürt, dass er einem nicht schadet, sondern nützt.

In den folgenden Tagen experimentierte ich weiter mit allen möglichen Zusammenstellungen von Gemüsecurrys und »Gewürzschnitten« (Anleitungen dazu auf Seite 75), die mir allesamt hervorragend schmeckten und bekamen. Ich spürte, wie sie mir meine verlorene Kraft zurückbrachten.

Meine Apothekerin, mit der ich telefonisch Kontakt hatte, war erstaunt darüber, wie schnell ich nach diesem schweren Infekt wieder auf die Beine kam. Für mich war die Krankheit ein Geschenk zum richtigen Zeitpunkt, denn sie zeigte mir, wie richtig ich mit meinem Gewürz-Thema liege und wie wahr es ist, dass Gewürze reine Medizin darstellen. Vorher hatte ich sie noch nie in dieser Art und bei einer so akuten Infektion als Heilmittel eingesetzt. Jetzt konnte ich die Probe aufs Exempel machen, es klappte und sinnlichen Genuss gab's noch obendrauf.

So viel zur Pilgerwanderung auf meinem individuellen Gewürzpfad, einer Erfahrung, die ich nicht missen möchte.

Ein Tausendsassa für die Gesundheit

Dass Zimt den Blutzuckerspiegel reguliert, steht schon im 3000 Jahre alten Buch Saraha-Samhitha geschrieben, einem Lehrbuch der indischen Gesundheitslehre Ayurveda. Ayurveda bedeutet »Wissen vom Leben«, laut Brockhaus übrigens »der« Ayurveda.
Dort heißt es über den Zimt:

- Er fördert die Durchblutung und erwärmt den Körper.
- Er fördert die Heilung von Krankheiten (dies ist generell gemeint) und ist ausleitend (Stoffwechselgifte, aber auch Gifte von Schlangen und Insekten).
- Er ist harntreibend.
- Er beruhigt das Nervensystem.
- Er stimuliert die Gebärmutter.
- Er regt bei Mann und Frau die Sexualität an.
- Er wirkt gegen alle Entzündungen im Körper.
- Er hilft sehr gut gegen Husten und Erkältungen.
- Er wirkt gegen Hämorrhoiden.
- Er entstaut die Beine.
- Er reguliert die Temperatur der Füße. Und:
- Er reguliert den Blutzuckerspiegel.

Die medizinische Wirkung der Zimtrinde und der Zimtblätter wird durch viele Gerb- und Schleimstoffe bestimmt, außerdem durch verschiedene heilsame ätherische Öle. Es gibt Zimtrinden- und Zimtblätteröl, die wiederum in sich unterschiedliche Bestandteile haben.

Im Hydrolat, das bei der Destillation des Öls übrig bleibt, stecken wasserlösliche Stoffe, die von den öligen abweichen und ebenfalls über Heilkräfte verfügen. Zimthydrolat wird beispielsweise für Produkte verwendet, die gegen Zellulite wirken.
Es gibt Ärzte, Heilpraktiker und Aromatherapeuten, die in ihrer Praxis mit ätherischen Ölen arbeiten und dabei außerordentliche Erfolge erzielen. (Einer davon wird später im Text vorgestellt.) Wenn es um Zimtöl geht, verwenden sie vorwiegend Zimtblätteröl, weil es sanfter wirkt als Zimtrindenöl. Sie setzen es vor allem bei folgenden Beschwerden ein: Zahnschmerzen, Entzündungen im Mund und im Nasen-Rachen-Raum, Bronchitis, Blasenentzündungen, Eileiterentzündungen, Darmentzündungen und rheumatischen Schmerzen.
Als Gewürz gegessen oder getrunken, das heißt, wenn er als Zimtstange oder -pulver durch den Mund in den Körper gelangt, fördert Zimt die Verdauung und trägt bei Übelkeit, Blähungen, leichtem Duchfall und Appetitlosigkeit zu einer Besserung bei. Daher ist er in fast allen Magenbittern enthalten und ebenfalls in den Cola-Getränken, die meist bei Durchfall gut vertragen werden.
Schon Hippokrates verordnete seinen Patienten Zimt als Magenmittel.
Unter den Gewürzen ist Zimt eins der besten krampflösenden Mittel im Darm. Dabei wird die Passage der Nahrung nicht verlangsamt, wie man es von manchen synthetischen krampflösenden Mitteln kennt. Sondern es wird ein normaler Ablauf der Verdauung gefördert. Ein Zimtrindentee bzw. ein schwarzer Tee mit Zimtrinde leistet hier gute Dienste.
Weiterhin wirkt Zimt hervorragend gegen Parasiten, die in Indien und anderen Entwicklungsländern eine wirkliche Plage und Bedrohung dar-

stellen. Die vorbeugende und therapeutische Wirkung von Gewürzen gegen Parasiten ist einer der Gründe dafür, dass in diesen Regionen Speisen besonders scharf sind.
Außerdem beugt Zimt Darminfektionen, Darmkoliken, Verdauungsschwäche, Reizhusten, Rachenentzündungen, Heiserkeit, Kreislaufschwäche und niedrigem Blutdruck vor.
In höherer Dosierung lindert Zimt Schmerzen. Dabei hat er nicht die negativen Auswirkungen wie synthetische Schmerzmittel, die zum Beispiel zu vermehrter Ausschüttung von Magensäure führen.
Es handelt sich hier also um einen wahren Tausendsassa für die Gesundheit.
Zu beachten allerdings ist Folgendes: Schwangere müssen Zimt in allen Darreichungsformen meiden, sogar in der Aromalampe oder in Form von Parfums, denn er kann Wehen auslösen. (Hebammen setzen ihn gezielt zur Einleitung überfälliger Geburten ein.)
Bluthochdruckpatienten sollten beim Verzehr von Zimt Vorsicht walten lassen, weil er den Blutdruck leicht steigern kann.
Allergikern ist ebenfalls Vorsicht geboten. Manche vertragen Zimt, wenn sie ihn nur in kleinen Mengen zu sich nehmen oder verwenden. Andere reagieren sehr sensibel und müssen daher verzichten. Überhaupt können Gewürze Allergien auslösen.
Selbst »normal Empfindliche« müssen mit Zimtrindenöl vorsichtig sein. Es sollte niemals unverdünnt angewendet werden, denn es löst Hautreizungen aus, die sehr unangenehm brennen können.
Vor einiger Zeit ging durch die Presse, dass Zimt einen relativ hohen Gehalt an Cumarin besitzt. Cumarin ist ein natürlicher Aromastoff, der in

Ein Tausendsassa
für die Gesundheit

über 70 Pflanzen vorkommt, unter anderem in Waldmeister. Es wurde bis Mitte der 1950er Jahre in der Lebensmittelindustrie benutzt. Dann ergaben wissenschaftliche Untersuchungen an Ratten und Hunden, dass Cumarin Leberkrebs auslösen kann. Seither ist per EU-Aromenrichtlinien geregelt, wie viel Cumarin in Lebensmitteln enthalten sein darf.
Einige natürlich vorkommende Zimtarten weisen sehr hohe Cumarin-Konzentrationen auf. Der bei uns angebotene Zimt gehört jedoch nicht dazu. Wir brauchen uns also keine Sorgen zu machen.

Es ist schon erstaunlich, welche wunderbaren Wirkungen die innere oder äußere Anwendung dieser sanft rötlich-braunen Spezerei hervorbringen können! Den Ausschlag für den Erfolg gibt immer, dass das entsprechende Produkt – Hydrolat, ätherisches Öl, Zimtstange, Zimtpulver – naturrein, frei von Schadstoffen, von hervorragender Qualität und relativ frisch ist. Beim Zimt handelt es sich um einen Vieleskönner, um ein regelrechtes Zaubermittel, über das längere Zeit nur Fachleute Bescheid wussten. Doch nun ist der Moment gekommen, da die Massenmedien der westlichen Welt den Zimt als Thema entdeckt haben. Plötzlich scheint sich alles darum zu drehen. Und wir drehen uns mit …

◂ *In einem solchen Destillator wird ätherisches Öl, z. B. vom Zimt, hergestellt. (Aufgenommen bei der Ausstellung im Deutschen Museum 2002)*

Um Krämpfe im Darm zu lösen oder in den Genuss der schmerzlindernden Wirkung zu kommen, empfiehlt sich ein Zimttee oder ein schwarzer Tee mit Zimt.

Zimttee

1 Zimtstange
Wasser für 1 Teekanne
Honig
eventuell nach Geschmack: Nelken, Kardamom, Vanille, Piment, schwarzer Pfeffer, Ingwer

Die Zimtstange in mehrere Stücke brechen, mit Wasser aufkochen und den Tee zugedeckt fünf bis acht Minuten lang ziehen lassen. Danach kann er gern noch einmal richtig erhitzt werden. Durch ein Sieb gießen, eventuell mit etwas Honig süßen. Wenn es schmeckt und bekommt, können gleich zu Beginn eins oder mehrere der genannten anderen Gewürze zugegeben werden. Sie sollen genau wie der Zimt nicht gemahlen, sondern nur aufgebrochen oder leicht gestoßen werden.

Schwarzer Tee mit Zimt

Schwarze Teeblätter für 1 Becher Tee
1 knapper Teelöffel zerbröckelte Zimtstange
Honig

Ein Teesieb oder eine Filtertüte für Tee mit den Teeblättern und dem Zimt füllen.
Wasser zum Kochen bringen, den Tee aufgießen und etwas länger als gewohnt ziehen lassen. Nach Belieben mit etwas Honig süßen.

Apfelmus indisch

Dieses Apfelmus tut dem Darm gut, wenn er von Durchfall geplagt oder entzündet ist.

1 Zitrone (unbehandelt)
1 Orange
500 Gramm heimische Äpfel, zum Beispiel Boskop oder Glockenäpfel
1 Prise frisch gemahlener Kardamom
1 Stange Zimt

Von der Zitrone erst die Schale abreiben. Danach die Frucht auspressen. Die Orange auspressen.
Die Äpfel schälen, vom Kerngehäuse befreien und klein schneiden. In einen Topf geben. Zitronenschale, Fruchtsaft und Gewürze zugeben und etwa 10 Minuten lang zu einem Mus verkochen. Warm oder kalt verzehren.

Gewürzhonig gegen Erkältungen

Dieser Honig lindert Husten, Heiserkeit und Halsschmerzen. Er tut dem rauen Hals wohl, er wärmt und hilft, Krankheitserreger zu vernichten. Alle Zutaten wirken stark antibakteriell und antiviral.

1 Messerspitze Pfeffer, frisch gemahlen
1 Messerspitze Zimt, frisch gemahlen
2 dünne Scheiben frischer Ingwer, geschält und in winzig kleine Stückchen geschnitten
1 Esslöffel flüssiger Honig

Die Gewürze mithilfe einer Gabel oder eines Essstäbchens mit dem Honig vermischen. Von diesem Gewürzhonig mehrmals täglich eine kleine Menge in den Mund nehmen und langsam zergehen lassen. Er ist der beste »Hustensaft«, den man sich denken kann, geeignet auch für ältere Kinder.

◂ *Honig an sich ist schon ein kraftvoller Heiler. Zusammen mit Gewürzen wird er zum »Heiler hoch zwei«*

Die »Nervenkekse« der heiligen Hildegard

Von Hildegard von Bingen ist ein Rezept für Kekse überliefert, welche die Nerven stärken sollen. Sie enthalten eine ganz erstaunliche Menge an Muskatnuss- und Zimtpulver. Sie schreibt dazu: »Iss sie oft, und alle Bitternis deines Herzens und deiner Gedanken weitet sich, dein Denken wird froh, deine Sinne werden rein, alle schadhaften Säfte in dir minderer, es gibt guten Saft in deinem Blut und macht dich stark.«
Folgendermaßen geht's:

1 Kilo Dinkelmehl
$^{1}/_{2}$ Kilo Butter
30 Gramm Zucker
4 Eier
45 Gramm geriebene Muskatnuss
45 Gramm erstklassiger, frisch gemahlener Zimt
10 Gramm gemahlene Gewürznelken

Die Zutaten zu einem Teig verkneten und dünn ausrollen. Kekse ausschneiden oder ausstechen und bei knapp 200 Grad 10 bis 15 Minuten im Ofen backen.

Hildegards Plätzchen enthalten erstaunliche Mengen von Zimt, Nelken und Muskatnuss (Foto) ▸

Zimt gegen »Zucker«

Wir stehen vor einer Diabetes-Epidemie.
Im Jahr 1985, so schreibt das TIME Magazine[7], litten weltweit etwa 30 Millionen Menschen an Diabetes. Heute sind es allein in Europa bereits 48 Millionen. 7,8 Prozent der Europäer leben damit. Im Jahr 2025 werden es, so die Berechnungen, 20 Prozent sein, darunter viele Kinder und Jugendliche – eine erschreckende Aussicht. Denn Diabetiker riskieren zu erblinden, schwere Herzprobleme oder einen Schlaganfall zu bekommen und vieles mehr. Zuckerkranke leben mit einer permanenten gesundheitlichen Bedrohung. Warum das alles so ist, hat die Wissenschaft bis heute noch nicht herausgefunden.
Vor allem steigt die Zahl der so genannten Typ-II-Diabetiker. Typ II bedeutet, dass der Körper das in ihm vorhandene Insulin nicht angemessen verwerten kann. Typ I ist eine Auto-Immunerkrankung: Der Körper greift, verkürzt gesagt, die Insulin produzierenden Zellen in der Bauchspeicheldrüse an.
Die meisten Zuckerkranken leiden heute an Typ II. Es sind gegenwärtig rund 150 Millionen weltweit. Nur 5 Millionen haben Typ I. Übrigens heißt es »der«, nicht »die« Diabetes.
Gründe für die explosionsartige Verbreitung der Zuckerkrankheit? Neben genetischen Ursachen wird in Betracht gezogen, dass der Gesundheitszustand der Mutter vor der Geburt der betreffenden Person eine Rolle spielt. Bei der 21. Jahrestagung der Deutschen Adipositas-Gesellschaft im Winter 2005/2006 berichtete Professor Andreas Plagemann aus Berlin, dass jede 10. Mutter in Deutschland in der Schwangerschaft einen Dia-

betes entwickelt, der jedoch in 90 Prozent der Fälle unentdeckt bleibt. 7000 Neugeborene jährlich sind davon betroffen. Sie kommen durch den Diabetes der Mutter schon übergewichtig zur Welt, denn sie wurden durch das extrem zuckerreiche Blut der Mutter regelrecht gemästet. Und Übergewicht ist ein Risiko für Diabetes. Die beiden wesentlichen Auslöser sind Übergewicht und zu wenig Bewegung. Diese Auslöser kann man jedoch glücklicherweise direkt beeinflussen.

Der finnische Forscher Jaako Tuomilehto fand heraus, dass man sich mit einigen wirklich einfachen Maßnahmen gegen Diabetes II schützen kann. Er begann 1993 eine klinische Untersuchung, an der er 500 Teilnehmer mit hohem Diabetes-II-Risiko teilnehmen ließ.

Sie waren angehalten, fünf simple Aufgaben zu erfüllen: Sie mussten ihr Gewicht um mindestens fünf Prozent reduzieren. Ihren Fettverzehr mussten sie erstens generell drosseln, und zweitens besonders den von gesättigten Fetten, also Fetten tierischen Ursprungs. Die Aufnahme von Ballaststoffen sollten sie erhöhen. Und schließlich sollten sich die Probanden jeden Tag mindestens eine halbe Stunde lang bewegen.

Auf diese Weise erreichte Tuomilehto bei den Teilnehmern seiner Studie eine sensationelle Verringerung des Erkrankungsrisikos um 58 Prozent. Er sagt: »Wir haben demonstriert, dass keiner von den Menschen, denen es gelang, alle fünf Aufgaben zu erfüllen, Diabetiker wurde. Die Untersuchung zeigt, wie eng Diabetes mit diesen einfachen Verhaltensmustern verbunden ist.«

Eine im Jahr 2002 in den USA veröffentlichte Studie kam zu den gleichen Ergebnissen wie der Finne.

2003 wurde eine weitere frappierende Untersuchung bekannt, die Menschen mit Diabetes II hilft beziehungsweise Menschen, die ein erhöhtes Risiko haben, daran zu erkranken. Das Human Nutrition Research Center in Beltsville, Maryland, in den USA stellte fest, dass der regelmäßige Verzehr von frischem und erstklassigem Zimt die Insulinwerte und auch die Cholesterinwerte im Körper wesentlich verbessert.

Dazu kam es so: Auf der Suche nach einem natürlichen Weg, die Blutzuckerwerte von Diabetikern im normalen Bereich zu halten, stießen der Wissenschaftler Richard Anderson und seine Kollegen darauf, dass ausgerechnet der Verzehr von Apfelkuchen die Blutzuckerwerte nur gering steigert. Dabei enthält er viel Zucker und sollte eigentlich den Blutzuckerspiegel eines Leckermauls in himmlische Höhen befördern. Es musste also irgendetwas im Kuchen sein, das den Anstieg bremste.

Der traditionelle amerikanische »apple pie« enthält viel Zimt. Daher lag der Schritt nahe, die Wirkungsweise dieses Gewürzes unter die Lupe zu nehmen.

So führten Anderson und sein Team in Zusammenarbeit mit Wissenschaftlern aus Pakistan an der pakistanischen Universität Peshawar eine Studie durch, an der 60 Freiwillige teilnahmen. Sie mussten Typ-II-Diabetiker und älter als 40 Jahre alt sein. 30 Männer und 30 Frauen wurden ausgewählt, das Durchschnittsalter betrug 52 Jahre. Alle Teilnehmer nahmen im Zusammenhang mit ihrer normalen Diabetes-Therapie Medikamente ein und sie behielten das während der Studie bei.

Sie erhielten entweder Zimtpulver in Kapseln oder als Placebo (»Scheinmedikament«) Weizenpulver in Kapseln, das genauso aussah wie die Zimtkapseln. Der Geschmack der Kapseln war jeweils gleich.

◂ *Unverzichtbar für einen guten Apfelkuchen: Zimt oder Kassia (Foto)*

Per Zufallsentscheid wurde ausgewählt, welche Teilnehmer das Placebo und welche das Zimtpulver erhielten. Und weder die Patienten noch die Forscher wussten, wer zu welcher Gruppe gehörte. Auf diese Weise war alles hundertprozentig abgesichert.
Jede Kapsel enthielt 500 Milligramm Zimt oder Weizenmehl. Die Kapseln wurden in Portionen abgepackt, die jeweils 20 Tage reichten und verschiedene Mengen an Kapseln entsprechend der jeweiligen Dosierung für die Teilnehmer enthielten.
Dann wurden sechs Gruppen gebildet. Die ersten drei Gruppen erhielten täglich entweder ein Gramm (zwei Kapseln), drei Gramm (sechs Kapseln) oder sechs Gramm (zwölf Kapseln) Zimt. Die Gruppen vier bis sechs erhielten täglich entweder ein, drei oder sechs Gramm Placebo. Die Kapseln sollten täglich direkt nach den Mahlzeiten eingenommen werden. Daran hielten sich die Teilnehmer vierzig Tage lang. Es folgte eine Phase von 20 Tagen, an denen keine Kapseln eingenommen wurden.
Direkt zu Studienbeginn wurden den Teilnehmern fünf Milliliter »Nüchtern-Blut« abgenommen und dann die gleiche Menge nach 20, 40 und 60 Tagen.
Die Untersuchungen ergaben, dass alle drei Zimt-Mengen, ein, drei und sechs Gramm, die Blutzuckerwerte um 18 bis 29 Prozent reduzierten. Die Neutralfette wurden um 23 bis 30 Prozent gesenkt, das LDL-Cholesterin um 7 bis 27 Prozent und das Gesamt-Cholesterin um 12 bis 26 Prozent. In der Gruppe, die das Placebo erhalten hatte, wurden keine bedeutsamen Änderungen in den Laborwerten festgestellt.
Bei den Teilnehmern, die den Zimt erhalten hatten, stieg der Blutzuckerspiegel wieder an, nachdem sie keinen Zimt mehr zu sich nahmen. Dar-

aus folgt, dass Diabetiker regelmäßig Zimt zu sich nehmen müssen, um den erhöhten Blutzuckerspiegel dauerhaft zu senken. Ob sie nun den Zimt in Kapseln schlucken oder ihn in Mahlzeiten und Getränken »unterbringen«, ist dabei unwichtig.

Übrigens machten sich nach der Studie in Pakistan die Wissenschaftler auf die Suche nach der wirksamen Substanz im Zimt. Sie fanden heraus, dass das Gewürz einen sekundären Pflanzenstoff enthält, der MHCP heißt, Methylhydroxy Chalcone Polymer. Er wirkt direkt an der Stelle, wo das Insulin die Körperzelle für die Aufnahme von Zucker aus dem Blut öffnet. Es ist also in diesem Fall nicht das ätherische Öl, das den Ausschlag gibt.

Noch vor wenigen Jahren waren Zucker und zuckerhaltige Nahrungsmittel für Diabetiker verboten beziehungsweise sie durften nur dann Zucker essen, wenn sie unterzuckert waren. Es hieß sogar, dass der Verzehr von viel Zucker zur Zuckerkrankheit führt. Aber das war von Anfang an eine Mär.

Mittlerweile wurde wissenschaftlich untersucht, dass der Einfluss des Zuckers auf den Anstieg des Blutzuckerspiegels nicht so stark ist, wie bisher angenommen. So dürfen heute Typ-I-Diabetiker und schlanke Typ-II-Diabetiker bei entsprechender Beachtung der Broteinheiten zucker- und honighaltige Produkte essen. Übergewichtige Typ-II-Diabetiker müssen aber nach wie vor damit sehr aufpassen, weil Süßes extrem viele Kalorien enthält.

Also noch einmal zusammengefasst. Das Risiko, an Diabetes Typ II zu erkranken, lässt sich mit folgenden einfachen Maßnahmen verringern beziehungsweise man kann die Erkrankung damit auf natürliche, unkomplizierte und preiswerte Weise im Zaum halten:

- Gewichtskontrolle
- Reduzierter Verzehr von Fett, besonders von Fett tierischen Ursprungs
- Erhöhter Verzehr von Ballaststoffen
- Täglich mindestens eine halbe Stunde Bewegung
- Täglich Zimt verzehren, mindestens einen gestrichenen Teelöffel voll, verteilt auf eine oder mehrere Mahlzeiten.

Wer keinen Zimt mag, kann die entsprechende Menge des Gewürzes in Gelatinekapseln »verstecken« und während oder nach einer Mahlzeit unzerkaut hinunterschlucken. Solche Kapseln gibt es mittlerweile fix und fertig präpariert im Handel.

Doch auch in verkapselter Form ist Zimt nichts für Schwangere und Allergiker, und Patienten mit erhöhtem Blutdruck sollten sich unbedingt mit ihrem Arzt beraten. Das Gleiche gilt für Menschen, die schon an Diabetes erkrankt sind. Sie sollten im Hinblick auf den Verzehr von Zimt und die Einnahme von Zimtkapseln mit ihrem Arzt sprechen.

Pikantes essen

Wir kannten Zimt schon immer als himmlischen Geschmacksabrunder für Nussgebäck, Apfelkuchen (!) und Kompott. Mit Zucker vermischt, verleiht er Milchreis und Grießbrei erst den richtigen Pfiff. Wohl also dem, der Zimt liebt und Süßes essen darf. Er kann die Heilkraft dieses exotischen Scharfmachers ohne Einschränkungen nutzen und seine Köstlichkeit genießen.

Allerdings gibt es auch Möglichkeiten, Zimt in Gerichten unterzubringen, die nicht süß, sondern pikant sind. Und daran haben ja gerade Diabetiker und Gewichtsklassenkämpfer Interesse.

In unserer heimischen Küche finden wir Zimt nur selten mit Würzigem kombiniert. Einige Köche empfehlen ihn in Verbindung mit Tomaten, zum Beispiel in Tomatensuppe und -sauce. Oder zusammen mit Gewürznelken als Verfeinerer von Rotkohl. Beides kann ausgezeichnet schmecken, es kommt da auf das richtige Fingerspitzengefühl an.

In der griechischen Küche ist Zimt schon eher auf der pikanten Seite der Palette zu finden. Man peppt Würstchen, Hackfleischgerichte und gefüllte Weinblätter damit auf.

Aber so richtig in die Vollen geht es, wenn man sich noch weiter Richtung Südosten bewegt. Im Ayurveda, der auf die Ernährung größten Wert legt, spielt Zimt als pikantes Gewürz eine wichtige Rolle. Er ist Bestandteil fast jedes Chutneys. (Weil Chutneys allerdings auch wieder eine süße Komponente besitzen, wird hier auf sie nicht eingegangen.) Und er gehört in fast alle Currymischungen/Currygerichte.

Bei uns im deutschsprachigen Raum kennt jedes Kind Curry wegen der

Currywurst. Diese seltsame Delikatesse wurde vor ein paar Jahrzehnten in Berlin erfunden und trat von dort aus einen einzigartigen Siegeszug an. Über die Grenzen schaffte sie es allerdings nicht. Im Ausland braucht man sie nicht zu erwähnen, da versteht man nur »Bahnhof«.
Okay, Currywurst ist Geschmackssache. Wer von dieser Droge ab und zu eine Dosis braucht, kann sich eine der Gesundheit zuträgliche Version davon kreieren, zum Beispiel so: Auf Soja-Bratwürstchen und zuckerreduziertes Ketchup zurückgreifen (oder auf hausgemachtes Ketchup, s. S. 72ff.) und ein individuell zusammengestelltes, frisch gemahlenes Currypulver verwenden – mehr dazu weiter unten. So zubereitet, könnte man dem Ganzen das Gütesiegel verpassen: »… gibt der Zahnarzt seiner Familie.«

In Sachen Curry gab es von Anfang an jede Menge Verwirrung. Das Wort ist eine phonetische Fehlinterpretation, die von den Briten nach Europa gebracht wurde. Das tamilische Wort »kari«, Tunke, soll der Ursprung für diese Bezeichnung gewesen sein. Oft wird das Wort synonym für alle indischen Gerichte verwendet, manchmal für Speisen, die mit der typischen Sauce zubereitet sind, manchmal auch für das »Currygewürz«, das in Indien »masala« heißt, in England »curry powder«. Dabei handelt es sich jedoch nicht um ein Gewürz an sich, sondern es setzt sich vielmehr aus bis zu 35 verschiedenen Zutaten zusammen. Sind einer solchen Mischung Zwiebeln, Knoblauch, Zitronengras, frische Chilischoten, Sahne, Kokos-

milch, gekochte Linsen, Nussmus und Ähnliches beigefügt, entsteht eine Paste. Damit lässt sich ausgezeichnet kochen, ebenso mit grob gemahlenen Currymischungen in Pflanzenöl, die es bei uns in Asienläden oder in Feinkostabteilungen von Kaufhäusern fertig zubereitet in Gläsern zu kaufen gibt. Wenn man die passende Geschmacksrichtung herausgefunden hat, kann ein solches Glas im Kühlschrank ein praktischer Helfer bei der schnellen Improvisation einer leckeren Mahlzeit sein. Allerdings ist eine frisch gemahlene, individuell zusammengestellte Gewürzmischung durch nichts zu überbieten, sowohl, was den Geschmack betrifft, als auch im Hinblick auf die gesundheitliche Wirkung.

Am besten röstet man die Mischung vor oder nach dem Zerkleinern mit oder ohne Pflanzenöl etwas an, damit sie ihren vollen Geschmack und ihre volle Wirkung entwickelt. So machen es jedenfalls die Inder.

Allerdings – die Losung lautet Improvisation. In ihrem Buch »Currys – Das Herz der indischen Küche« schreibt die Inderin Camellia Panjabi: »In der indischen Kochkunst gibt es keine festgeschriebenen Rezepte, und selbst die Zubereitung der bekannten traditionellen Gerichte hat keine genauen Regeln.«

Um noch etwas mehr Verwirrung zu stiften, soll erwähnt werden, dass es zwar kein Currygewürz als solches gibt, aber immerhin Curryblätter. Und die duften in frischem Zustand, wenn man sie zerdrückt, tatsächlich genau wie Curry. Sie stammen von einem kleinen, dem Zitronenbaum verwandten Baum, der am Fuß des Himalaya, in Südindien und auf Sri Lanka wächst. In Currygewürzmischungen sind sie normalerweise nicht enthalten, denn in getrocknetem Zustand besitzen die Blätter kaum Geschmack. Frische Curryblätter aber kann man zum Kochen eines Curry-

gerichts verwenden. Sie werden vor dem Servieren entfernt. Hier in unseren Breiten sind sie manchmal in Asiengeschäften erhältlich.
Eine bestimmte, überall »gültige« Currygewürzmischung gibt es in Indien nicht, und auch nirgendwo anders. Es verwendet vielmehr jede Hausfrau, jeder Koch eine eigene Mixtur, deren Zusammensetzung wie ein Geheimnis gehütet wird.
Zimt ist, wie gesagt, fast immer enthalten.
Anregungen für besonders raffinierte und bekömmliche Mischungen gibt es jedoch durchaus. Davon finden Sie weiter unten einige.
Eine »indische Küche« existiert nicht. Denn zum einen ist der Subkontinent riesengroß und hat verschiedene Regionen, in denen ganz bestimmte Lebensmittel wachsen oder produziert werden. Sie werden in der Küche zu lokalen Spezialitäten verarbeitet. Zum anderen haben verschiedene Nachbarn und »Besucher«, zum Beispiel die Engländer, ihre Spuren hinterlassen. Auch unterscheidet sich das Essen in indischen Restaurants im Land selbst und überall auf der Welt wesentlich davon, wie man in Indien zu Hause kocht.
Auf jeden Fall verbreiteten sich mit den indischen Auswanderern Currygerichte um die ganze Welt. In französischsprachigen Gegenden nennt man sie »colombo«.
Die Bewohner des Subkontinents haben aber, egal, aus welcher Region sie stammen oder wo auf diesem Planeten sie leben, Gemeinsamkeiten beim Kochen, und die gehen auf den Ayurveda zurück.
Die ayurvedische Küche empfiehlt, dass möglichst jede Mahlzeit die sechs Geschmacks-Charaktere in sich tragen solle, die der Mensch mit der Zunge wahrnehmen kann: süß, salzig, bitter, herb, sauer und scharf. – Alle an-

deren »Geschmäcker« werden in Wirklichkeit gerochen! – Auf diese Weise fühlt man sich satt und zufrieden, selbst wenn man von der Menge her nicht viel zu sich genommen hat. Die Nahrung fungiert im Ayurveda als Heilmittel. In früheren Zeiten hieß es bei uns: »Ein guter Koch ist ein halber Arzt.« Hildegard von Bingen sah das genauso und es leuchtet ja auch ein. Was man isst und sich auf diese Weise ganz und gar zu Eigen macht, wirkt sich direkt auf den Körper und seine Funktionen aus. Wenn die Nahrung, für die man sich entscheidet, auch noch hochwertige, heilkräftige Kräuter und Gewürze enthält, bereitet man sich rundum eine Wohltat.

Allgemein ist die gesundheitliche Wirkung von Currymischungen folgende: Sie fördern die Verdauung und die Blutzirkulation im Bauchraum, stimulieren die Funktion der Leber und regen die Produktion von Gallenflüssigkeit an. Sie wirken desinfizierend, töten Parasiten und Pilze. Je nach Zusammensetzung und Intensität variiert natürlich, welche Effekte sie auf denjenigen haben, der sie verzehrt. Außerdem spielt die individuelle Konstitution des Betreffenden eine Rolle.

Curries sind Schmorgerichte mit mal mehr, mal weniger Sauce. In Indien kocht man sie offenbar schon seit Jahrtausenden. Jede Region hat ihren eigenen Stil. Hier wird mit Ghee gekocht, also mit geklärter Butter, dort mit Pflanzenöl, hier mit Knoblauch und Chili, dort nicht. Im Norden wird als Beilage Fladenbrot gereicht, im Süden Reis. Manchmal gibt es zusätzlich noch Joghurtsaucen, Chutneys, Dal (Linsen), Pappadum (Linsenfladen) und Salat als Beilagen.

Für Aroma und Geschmack im Curry selbst sind unter anderem folgende Gewürze zuständig: Zimt, Koriander, Kreuzkümmel, Nelken, Senfkörner, Kurkuma, Fenchelsamen, Kardamom, Muskatnuss, Macis und Anis.

Schärfe bringen Pfeffer, Chili und Kreuzkümmel. Die besondere Farbe liefern Safran und Kurkuma (gelb), roter Chili (rot), gemahlener Koriander und Zimt (braun) sowie Koriandergrün (grün).
Häufig wird in Indien frischer Ingwer und frischer Knoblauch geschält und fein geschnitten im Verhältnis 1:1 als Grundzutat für Curries verwendet. Besonders praktisch dabei ist, dass sich die Heilkräfte von Knoblauch und Ingwer potenzieren, wenn man beides kombiniert. Außerdem dämpft der Ingwer den Knoblauchgeruch.
In Indien verwendet man eine Fülle von verschiedenen lokalen Zutaten, um Currygerichte zu binden und zu säuern. Hier seien nur folgende, bei uns problemlos zur Verfügung stehende genannt:

- Naturjoghurt (bindet und säuert)
- pürierte Linsen (binden)
- geschmorte Zwiebeln (binden)
- Limonen- oder Zitronensaft (säuert)
- Nussmus aus Cashewnüssen, anderen Nüssen, Sesam oder Mandeln (bindet)
- Kokosmilch (bindet). (Toller Geschmack, viele Kalorien, hoher »glykämischer Index«)

An frischen Gewürzen und Kräutern lassen sich Zitronengras, Koriandergrün, Ingwer, Kurkuma, aber auch heimische Kräuter wie Petersilie oder Dill verwenden.

Wer das Thema mehr unter kulinarischen als medizinischen Gesichtspunkten betrachtet und realisiert, verwendet für Gemüse-, Geflügel-, Fisch- und Fleischcurries jeweils ganz unterschiedliche Gewürzmischungen. In diesem Buch geht es mehr um die gesundheitliche Wirkung der Gewürze, daher wird auf die Kulinarik nur nebenbei eingegangen. Aber auch Fachleute wie der Starkoch Eckart Witzigmann betonen[8], dass es erwünscht sei, individuell zu variieren und zu experimentieren. Der Fernsehkoch und Gewürzexperte Christian Henze sagt: »Den Variationsmöglichkeiten sind keine Grenzen gesetzt. Wer es erst einmal probiert hat, der kann sich an den neuen Geschmackshorizonten freuen und Gaumen wie Magen verwöhnen.«[9]

Die Zubereitung von Currymischungen wird von unterschiedlichen Köchen/Ernährungsfachleuten/Medizinern unterschiedlich beschrieben, daher variiert sie auch leicht bei den in diesem Buch präsentierten Rezepten. Grundsätzlich kann man aber nichts falsch machen, wenn man folgendermaßen vorgeht:

Die Gewürze in noch ungemahlenem Zustand ohne Zugabe von Fett in einer Pfanne anrösten, bis sie intensiv zu duften beginnen. Dabei ständig mit einem Holzlöffel umrühren. Abkühlen lassen. Anschließend in einer Gewürzmühle oder umfunktionierten Kaffeemühle mahlen oder im Steinmörser mörsern.

Was von der Mischung nicht gleich verbraucht wird, in ein fest verschließbares Schraubglas füllen. An einem kühlen, dunklen Ort aufbewahren, aber möglichst schnell aufbrauchen, damit die heilenden Qualitäten nicht verloren gehen.

Bereits gemahlene Gewürze in heißem Fett kurz anbraten.

Es folgen einige Grundrezepte, die sich nach Belieben abwandeln lassen, zwei Rezepte für Currypulver und eins für einen Fond. Immer ist Zimt enthalten.

Sansibar-Currypulver

3 Teelöffel Koriandersamen
1 Teelöffel Kreuzkümmelsamen
3 Teelöffel Senfsamen
1 Teelöffel Fenchelsamen
$^1/_2$ Teelöffel Bockshornkleesamen
2 Zentimeter Zimtstange
$^1/_2$ Teelöffel Kurkumapulver
1 Teelöffel rotes Chilipulver
1 Esslöffel brauner Zucker

In einer kleinen Pfanne rösten Sie die Samen und die Zimtstange trocken an, bis sie ihr Aroma und damit auch ihre Heilkräfte voll entfalten. Anschließend mit den schon pulverisierten restlichen Gewürzen und dem Zucker vermischen.

Currymischung

3 Esslöffel Koriandersamen
1 Esslöffel Kreuzkümmelsamen
1 Esslöffel schwarzer Pfeffer
1 Esslöffel Piment
8 ganze Nelken
1 Zimtstange
4 Kardamomkapseln (die Samen in den geöffneten Kapseln)
1 Esslöffel Macis

Koriander und Kreuzkümmel in einer Pfanne ohne Fett leicht anrösten und beides auskühlen lassen. Die anderen Gewürze zugeben und fein mahlen.

Es folgt ein Rezept für einen Curry-Fond, den man auf Vorrat zubereiten, in verschließbare Gläser abfüllen und bis zu zwei Wochen lang im Kühlschrank aufbewahren kann. Es ist auch möglich, ihn einzufrieren.

◂ *Auch Nelken machen sich ausgezeichnet in Curry-Gewürzmischungen*

Curry-Fond

400 Gramm Zwiebeln
2 große oder 3 kleine Knoblauchzehen
etwa 10 Gramm frischer Ingwer
2 Chilischoten
300 Gramm Tomaten
20 ml Pflanzenöl
2 Teelöffel frisch gemahlene Koriandersamen
1 Teelöffel frisch gemahlener Zimt
$^1/_2$ Teelöffel gemahlene Kurkuma (Gelbwurz)
$^1/_2$ Teelöffel gemahlener Kreuzkümmel (eventuell weglassen, schmeckt durchdringend)
$^1/_2$ Teelöffel unraffiniertes Salz

Zwiebeln schälen und fein würfeln. Knoblauch und Ingwer schälen und ganz fein hacken. Die Chilis halbieren, von Stiel, Scheidewänden und Kernen befreien. Das Fruchtfleisch klein schneiden. Danach die Hände waschen, damit die Haut nicht zu brennen anfängt.
Tomaten waschen, vom Stängelansatz befreien, vierteln und fein pürieren.
Das Öl in einer großen Pfanne oder einem großen, flachen Topf heiß werden lassen. Die Zwiebeln zugeben und unter Rühren anbraten. Knoblauch, Chili und Ingwer zugeben und etwa fünf Minuten lang mitbraten, dabei ständig rühren. Nach und nach die Gewürze zugeben. Zum Schluss das Tomatenpüree und $^1/_4$ Liter Was-

ser zugeben. Bei geringer Hitze zugedeckt etwa 20 Minuten lang kochen lassen, dabei immer wieder umrühren.
Man kann mit dieser Sauce frisches Gemüse, das in Salzwasser vorgegart wurde, zu einem herrlichen Curry verarbeiten. In dem Fall das Gemüse einfach zusammen mit dem Tomatenpüree dem Wasser (in diesem Fall: $^1/_4$ Liter von der Gemüsebrühe verwenden) zugeben und das Ganze etwa 20 Minuten lang leise köcheln lassen.

Gemüsecurry

Hier ist noch ein anderes, besonders einfaches Grundrezept, mit dem man viel machen kann:

1 Kilo gemischtes Gemüse
4 Esslöffel Sonnenblumenöl oder anderes Pflanzenöl
2 Esslöffel Currymischung
nach Belieben: vollwertiges, unraffiniertes Salz, Knoblauch, Zwiebeln, frischer Ingwer, Tomatensaft, Sahne, Kokosmilch, Gemüsebrühe
frischer Koriander oder frische Petersilie zum Garnieren

Das Gemüse waschen und so zerteilen, dass die Garzeit ungefähr gleich ist. (Das heißt: Karotten sehr klein und dünn schneiden, weil sie nur langsam garen. Kürbis und Paprika dürfen grob geschnitten sein. Frische Erbsen werden erst kurz vor Schluss hinzugefügt, weil sie schnell gar werden.)

So viel Wasser in einen Topf geben, dass das Gemüse gut bedeckt ist. Das Gemüse kochen, bis es fast gar ist, normalerweise etwa 20 Minuten lang. Das meiste Wasser abgießen oder aufbewahren, um später eine Suppe daraus zu machen. Den Topf beiseite stellen.
In einer großen Pfanne das Öl erhitzen, und wenn Knoblauch/Zwiebeln verwendet werden sollen, darin anbraten. Die Currymischung einstreuen und kurz anbraten lassen. Das Gemüse dazugeben und vorsichtig, aber gründlich umrühren. Gemüse und Gewürze müssen sich untrennbar miteinander verbinden, das ist wichtig. Noch etwas Flüssigkeit dazugeben – Kochwasser vom Gemüse, Tomatensaft, Sahne, Kokosmilch – und das Gericht etwa fünf Minuten lang köcheln lassen.
Mit Salz abschmecken, in eine Schüssel geben und Koriandergrün oder Petersilie darüberstreuen.
Wenn Kartoffeln mit verarbeitet werden, kann das Curry ohne Beilage wie ein Eintopf gegessen werden. Sonst Reis dazu servieren.

Eiercurry

Dies ist ein einfaches, preiswertes Currygericht, das gleichzeitig als Festessen durchgeht. Es erinnert an die traditionellen deutschen Eier in Senfsauce und schmeckt besonders Kindern gut.

6 mittelgroße, fest kochende Kartoffeln
4 Eier
3 mittelgroße Tomaten
6 Stangen frischer grüner oder weißer Spargel
(alternativ: eine Tasse frische Bohnen)
2 mittelgroße Karotten
1 Tasse frische oder tiefgefrorene Erbsen
2 mittelgroße Gemüsezwiebeln
1 Tasse süße Sahne oder Kokosmilch
3 Esslöffel Pflanzenöl
1 Teelöffel frisch gemahlener Zimt
2 gestrichene Esslöffel frisch zubereitete Currygewürzmischung
etwas frisch gemahlener Pfeffer
etwas unraffiniertes Salz

Die Kartoffeln in der Schale gar kochen, schälen und beiseite stellen.
Die Eier etwa zehn Minuten lang hart kochen. Abschrecken, pellen und beiseite stellen.
Die Tomaten mit heißem Wasser übergießen, ebenfalls schälen und beiseite stellen.

Spargel und Karotten schälen. Den Spargel in etwa drei Zentimeter breite Stücke schneiden, die Karotten in dünne Scheiben. Alternativ: die Bohnen waschen und putzen. Zusammen mit den Erbsen etwa 15 Minuten lang gar kochen. Das Wasser abgießen und das Gemüse beiseite stellen.

Die Zwiebeln in dünne Scheiben schneiden. Das Öl in eine große Pfanne geben und erhitzen. Zimt und Currygewürzmischung kurz anbraten. Die Zwiebeln hinzufügen und hellbraun braten. Die geschälten Tomaten grob zerschneiden und mitschmoren. Die Sahne/Kokosmilch hinzufügen und zu einer Art Sauce verarbeiten, mit Pfeffer und Salz abschmecken.

Das abgetropfte Gemüse und die in Stücke geschnittenen Kartoffeln vorsichtig unterheben und auf kleiner Flamme köcheln lassen, damit sich alles geschmacklich verbindet.

Ganz am Schluss die halbierten Eier entweder unterheben und servieren oder das Curry in eine flache Schüssel geben und die halbierten Eier dekorativ darauf verteilen.

Weil Kartoffeln enthalten sind, braucht es nicht unbedingt eine Beilage. Man kann aber dazu Reis servieren oder im Backofen fertig gebackene (halb fertig im Asiengeschäft zu kaufende) Pappadums/ Linsenfladen.

Möglich ist auch, die Kartoffeln im Curry wegzulassen und das fertige Gericht mit Bratkartoffeln zu kombinieren. Dann handelt es sich um eine wirkliche Kraft-Mahlzeit.

Spargel schmeckt in Gemüsecurries ganz besonders köstlich ▸

Hausgemachtes Ketchup

Der Unterschied zwischen einer Tomatensauce und einem Ketchup liegt in den Gewürzen. Zimt, Senfkörner und Koriander machen den typischen Geschmack vom Ketchup aus. Und der kann bei dieser hausgemachten Kreation geradezu umwerfend sein, ein wirklicher Genuss. Der Gesundheit zuträglich ist das Ganze noch dazu.
Die »Rahmenbedingungen« für das nun folgende Rezept stammen aus Alfons Schuhbecks Rundfunksendung »Gerichte mit Geschichte«[10].
Er empfiehlt, möglichst Kirschtomaten zu verwenden, weil sie aromatischer sind als die meisten anderen Tomaten, die bei uns erhältlich sind. Sie werden mit heißem Wasser übergossen und von ihrer Pelle befreit.

▲ *Kirschtomaten eignen sich wegen ihres Aromas besonders für die Zubereitung von Ketchup*

2 mittelgroße Gemüsezwiebeln
Kirschtomaten und zusätzlich eventuell Tomaten aus der Dose (ohne Saft – die Menge soll etwa 1 Kilogramm betragen)
1 Stück Zimtstange
$^{1}/_{2}$ Teelöffel Senfkörner
$^{1}/_{2}$ Teelöffel Koriandersamen
Rotweinessig
Chili (Paprika, Cayennepfeffer)
naturbelassenes Salz
1 Teelöffel Zucker (eventuell weglassen)

Die Zwiebeln ganz fein hacken. Zusammen mit den zerkleinerten Tomaten und der Zimtstange in einen Topf geben und etwa eine halbe Stunde lang auf kleiner Flamme köcheln lassen. Immer wieder umrühren.
Den Zimt entfernen.
Senfkörner und Koriander mahlen und in die Tomatenmasse geben. Mit Essig, Chili (Paprika, Cayennepfeffer), Salz und Zucker abschmecken. Vorsichtig würzen – nachgewürzt werden kann immer noch.
Am Schluss das Ketchup durch ein Sieb geben oder mit dem Handmixer pürieren.
Es hält sich im Kühlschrank zwei bis drei Tage lang.

Zusammen mit frisch gemixtem und gemahlenem Currypulver ist dies das leckerste und »gesundeste« Curryketchup, das Sie sich vorstellen können. Es macht die Currywurst zu einem kulinarischen Erlebnis.

Süßkartoffeln mit Zimt

Hier ein Rezept nur mit Zimt, eventuell noch mit etwas Muskatnuss, ohne Currymischung. Zu Gemüsen, die eher in die süße Richtung gehen, wie Karotten, Kürbis und Süßkartoffeln, passt der Geschmack von Zimt ausgezeichnet. Dieses Rezept ist besonders etwas für Grill-Fans.

Süßkartoffeln
vollwertiges Salz
Butter
frisch gemahlener Zimt
nach Geschmack: frisch geriebene Muskatnuss

So viele Süßkartoffeln nehmen, wie für die zu bewirtenden Personen gebraucht werden. Süßkartoffeln waschen und gründlich abbürsten. Ungeschält mit Salz, Zimt und eventuell Muskatnuss bestreut bei 180–200 ° C im Ofen oder auf dem Grill als Back-Kartoffel garen. Bei dieser Art der Zubereitung karamellisiert sie von innen und wird besonders aromatisch. Oben aufschneiden und auslöffeln – mit etwas Salz und Butter hat man damit schon eine vollständige Mahlzeit.
Geschält und in dicke Scheiben auf ein gefettetes Backblech oder (für den Grill) auf ein Stück Aluminiumfolie gesetzt, mit Salz, Zimt und eventuell Muskatnuss bestreut und gebacken, zeigen sie sich noch einmal von einer anderen Seite. Dazu schmeckt ein süß-pikanter Salat, zum Beispiel ein Waldorfsalat oder eine andere Kombination, in der sich Obst, Nüsse und Gemüse verbinden.

Gewürzschnitten

Zum Abschluss noch eine hervorragende Möglichkeit, Zimt und andere Gewürze zu sich zu nehmen und damit seiner Gesundheit etwas Gutes zu tun – die »Gewürzschnitte«. Das ist eine Schnitte Brot, vorzugsweise Pumpernickel, Vollkorn- oder Roggenbrot, als Sandwich zubereitet und mit frisch gemahlenen Gewürzen bestreut.
Für eine süße Version etwas Butter, hochwertige Pflanzenmargarine oder Quark auf dem Brot verteilen. Dann Honig, Fruchtaufstrich oder Zuckerrübensirup und ein wenig frisch gemahlenen Zimt darauf geben.

▲ *Mit Butter und anderen Zutaten wird eine Scheibe Brot zur Gewürzschnitte*

Zu dieser süßen Version passen noch folgende Gewürze: Anis, Fenchel, Koriander, Ingwer, Muskatnuss/Macis, Vanille und auch die nach Lakritze schmeckenden kleinen Samen, die in den Zacken des Sternanis stecken.

Mit essbaren Blüten garniert, zum Beispiel mit Gänseblümchen, Ringelblumen oder Rosen, stellt eine solche süße Gewürzschnitte eine entzückend aussehende, herrlich schmeckende und »gesunde« Zwischenmahlzeit dar. Besonders Kinder, ältere Menschen und Rekonvaleszente werden davon begeistert sein.

Wichtig ist, dass die Gewürze nur in geringen Dosen verwendet werden, sonst schmeckt die Schnitte zu scharf.

Das gilt auch für die pikante Version.

Dafür wird eine Scheibe Vollkornbrot mit etwas Butter, Pflanzenmargarine, Quark, Frischkäse oder Aufstrich auf Pflanzenbasis (erhältlich im Naturkosthandel und Reformhaus) bestrichen. Ganz nach Gusto dürfen nun Scheiben von Gewürzgurke oder grüner Gurke, Kapern, getrocknete oder frische Tomaten, in Scheiben geschnittene gekochte Eier und ähnliche Zutaten darauf verteilt werden. Auch frische Kräuter wie Petersilie, Schnittlauch, Dill, Koriandergrün usw. passen gut.

Zum Schluss ein bisschen qualitativ hochwertiges Salz plus ein oder mehrere frisch gemahlene Gewürze – so erhält man eine ästhetisch, geschmacklich und gesundheitlich kaum zu überbietende »Beilage« zu Suppen, Salaten, Eierspeisen …

Für diese Version der Gewürzschnitte eignen sich besonders: Chili/Paprika, Koriander, Muskat/Macis, Pfeffer, Piment, Schwarzkümmel und Senfsamen.

Kleine Hilfe bei Koch-Unfällen

Wenn Ihnen beim Kochen etwas schief gegangen ist, brauchen Sie das Ergebnis nicht unbedingt dem Mülleimer zu übergeben. Manchmal können Sie mit diesen Profi-Tipps noch etwas retten.

Ist das Essen zu:	*Nehmen Sie:*	*zum Beispiel:*
sauer, würzig	Fett oder Süße	Butter, Sahne, Creme fraîche, Zucker, Honig
salzig	Säure oder Süße	Essig, Zitronen-, Limonensaft, Zucker, Honig
süß	Säure oder Würze	Limetten-, Zitronensaft, Cayennepfeffer, Kaffeepulver

Zimt gegen Küchengerüche

Unangenehme Küchengerüche – Kohl, heißes Fett, Angebranntes – werden dadurch übertüncht und neutralisiert, dass Sie einen kleinen Topf mit etwas Wasser, Zimt und Zucker zum Kochen bringen und leise vor sich hin köcheln lassen. Unglaublich, aber wahr.

Süßes essen

Da es in diesem Buch um »Zimt für ein gesundes Leben« geht, sollte hier möglichst wenig von süßen Sachen die Rede sein. Die beiden folgenden Rezepte sind aber so lecker und auch nicht wirklich als ungesund zu bezeichnen, dass sie hier einen guten Platz haben.

Bratäpfel

Bratäpfel sind eine Delikatesse. Sie zuzubereiten bedeutet einen Riesenspaß, gerade auch dann, wenn Kinder mitmachen. Schon bevor sie fertig sind, erfüllen sie die nähere Umgebung mit ihrem fast berauschenden, würzigen Duft. Im Folgenden wird beschrieben, wie man sie im Backofen macht. Wenn ein Kachelofen vorhanden ist oder Sie Bratäpfel auf dem Grill zubereiten wollen, muss alles nur leicht abgewandelt werden. Ist jemand mit Diabetes unter den Gästen, lassen Sie für diese Person Zucker und andere »Gifte« weg.

Mindestens 1 aromatischer Apfel pro Person (zum Beispiel Boskop, Cox Orange oder Glockenapfel)
etwas gute Pflanzenmargarine oder Butter
eine Hand voll gehackte Haselnüsse oder Mandeln, eventuell mehr
Zucker
1 gehäufter Teelöffel gemahlener Zimt
nach Belieben: etwas Marzipanrohmasse, Marmelade, Rum, Brandy

◂ *Nüsse und Mandeln machen Bratäpfel zu einem Delikatessen-Essen*

Die Äpfel gründlich waschen, abtrocknen, die Schale dranlassen. Das Kerngehäuse ausstechen. Eine flache, feuerfeste Form mit Margarine auspinseln und die Äpfel hineinsetzen. In den Hohlraum, wo sich früher das Kerngehäuse befand, Nüsse, Mandeln, eventuell Stückchen von der Marzipanrohmasse und/oder Marmelade füllen. Alles mit Flöckchen von Margarine oder Butter, Zucker und Zimt bestreuen. Eventuell etwas Hochprozentiges darüberträufeln. Den Backofen auf 180 ° C vorheizen und die Äpfel 20 bis 30 Minuten lang backen, bis sie weich sind. Die Bratäpfel heiß servieren, so, wie sie sind, oder mit Vanillesauce, Vanilleeis, flüssiger Sahne oder Schlagsahne.

Gewürzte Pfirsiche

Dies ist ein Rezept für ein ausgefallenes Dessert, in dem Sie viele Gewürze »unterbringen« können, vor allem Zimt. Es gehört nicht in die Kategorie Heilnahrung, sondern soll einfach nur munden. Weil es aus der Gourmetküche kommt, kostet die Zubereitung etwas mehr Mühe als bei den meisten anderen in diesem Buch vorgestellten Rezepten. Aber der Aufwand lohnt sich.

4 reife Pfirsiche, am besten weiße
1/2 Flasche trockener Weißwein oder Sekt
250 g feiner Zucker, eventuell weniger
4 Sternanis

1 Stange Vanille
2 Zimtstangen
1/2 ungespritzte Zitrone, in dünnen Scheiben
1/4 Teelöffel Safranfäden (eventuell weglassen)
250 g frische gemischte Beeren

▲ *Obst, mit Gewürzen kombiniert, rundet eine Mahlzeit perfekt ab*

Wasser kochen, die Pfirsiche hineinlegen und nach ein bis zwei Minuten herausnehmen. Abkühlen lassen und abziehen. Den Wein oder Sekt zusammen mit 300 Milliliter Wasser, Zucker und den Gewürzen in einen Topf geben und kochen, bis die Flüssigkeit eindickt. Die Hitze reduzieren und die Pfirsiche zugeben. Falls die Früchte nicht bedeckt sind, noch etwas Wasser hinzufügen. Zudecken und 15 bis 20 Minuten lang leise köcheln lassen. Die Pfirsiche herausnehmen und beiseite stellen. Den Sirup nochmals richtig erhitzen und einkochen. Abkühlen lassen, die Früchte wieder in den Topf geben und alles kalt werden lassen.

Die Pfirsiche in eine Schüssel legen. Die Beeren darüber verteilen. Zimt und Sternanis aus dem Sirup nehmen, zum Dekorieren aufheben. Den Sirup über die Pfirsiche gießen. Zugedeckt mehrere Stunden lang kalt stellen. Mit dem Zimt und Sternanis garnieren und servieren.

Würziges trinken

Mit Zimt lassen sich nicht nur süße und pikante Mahlzeiten, sondern auch Getränke würzen.
Einen mehr kulinarischen und ästhetischen Hintergrund hat es, wenn geschäumte Milch oder Schlagsahne auf Kaffee und Kakao mit etwas Zimtpulver bestäubt wird. Ins Gesundheitliche geht es schon, wenn man gemahlenen Kaffee mit zerbröckelter Zimtstange oder frisch gemahlenem Zimt anreichert. Denn der so zubereitete Kaffee schmeckt nicht nur besonders gut, sondern er greift auch weniger den Magen an. Richtig therapeutisch schließlich kann es mit Gewürztee und Gewürzmilch werden. (Wobei die nicht nach Medizin, sondern im Gegenteil ganz herrlich schmecken.)
Die Grenzen sind also fließend.
Der Begriff »Tee« steht bei uns für verschiedene Aufgüsse aus Früchten, Schalen, Gewürzen, Kräutern und natürlich der eigentlichen Teepflanze. Anderswo allerdings werden Unterschiede gemacht. In Frankreich, England und Spanien heißt nur der echte Tee thé, tea und té. Alle anderen Aufgussgetränke tragen auch den Namen für »Aufguss«: infusion.
Wir bleiben hier in der deutschen Umgangssprache und sagen »Gewürztee«, obwohl es sich tatsächlich im eigentlichen Sinne um Aufgüsse handelt.

Gewürztee

Auf Seite 42 wurde ja schon beschrieben, wie ein reiner Zimttee und ein mit schwarzen Teeblättern kombinierter Zimttee zubereitet wird.
Wenn Sie einem solchen Tee noch andere Gewürze oder ein anderes Gewürz hinzufügen möchten, was sowohl im Hinblick auf den Geschmack, als auch auf die gesundheitliche Wirkung eine gute Idee ist, gehen Sie am besten folgendermaßen vor:

- Harte Pflanzenteile wie Stängel, Hölzer, Rinden oder Wurzeln im Wasser aufkochen oder mit kochendem Wasser übergießen. Bis zu 12 Minuten abgedeckt ziehen lassen und durch ein Teesieb geben.
- Früchte und Samen kurz vor der Verwendung zerstoßen, mit kochendem Wasser übergießen und nach bis zu 12 Minuten durch ein Sieb geben. Sehr scharfe Gewürze etwas weniger lange ziehen lassen.
- Gewürze wie Anis, Sternanis oder Fenchel, die viel ätherisches Öl in sich tragen, können einige Stunden lang in einem geschlossenen Topf in kaltem Wasser angesetzt werden. Danach nur leicht anwärmen, durchsieben und warm trinken. So werden keinerlei Wirkstoffe durch Hitze zerstört, sie bleiben optimal erhalten.
- Man kann Gewürztees auch äußerlich anwenden, zum Beispiel als Inhalation oder in einem Wannenbad/Fußbad. Es empfiehlt sich aber, erst einmal auszuprobieren, ob man das auch verträgt. Bei empfindlichen Menschen können Gewürze in jeder Form Allergien und Hautreizungen auslösen.

  Weil ein Gewürzsud in der Badewanne Spuren hinterlässt, die Wanne hinterher besonders gründlich mit Scheuermilch reinigen.

YOGI TEA®
Classic
CINNAMON SPICE
Ayurvedic spice blend – no black tea

Im Ayurveda spielen Gewürztees eine wichtige Rolle. Sie reinigen, wärmen beziehungsweise gleichen aus, geben Energie und helfen, Erkältungen abzuwehren. Sie sind also einerseits Arzneitees, andererseits schmecken sie ganz ausgezeichnet.
1968 begann der indische Yogi Bhajan in Kalifornien Ayurveda und Yoga zu unterrichten. Nach dem Unterricht bot er seinen Schülern einen Gewürztee an. Sie nannten ihn den »Tee vom Yogi«. Der Name »Yogitee« hat sich heute überall eingebürgert. Es gibt diesen reinen Gewürztee fertig gemischt in fünf verschiedenen Geschmacksrichtungen, auch in einer milden Version für Kinder. Nicht nur in den USA, sondern auch bei uns kann man ihn in Reformhäusern und Naturkostläden kaufen, lose oder im Aufgussbeutel. Er schmeckt pur ebenso wie mit Zitrone, Honig oder Milch beziehungsweise Sojamilch oder flüssiger Sahne.
Im Orient ist der Magen der Sitz der Seele. Um beidem, Magen und Seele, etwas Gutes zu tun, wird dort vor oder nach dem Essen und zwischendurch gern ein Gewürztee angeboten. Wenn er keinen schwarzen Tee, also kein Koffein enthält, geht das bis spät in die Nacht, ohne dass der Schlaf davon beeinträchtigt wird.
Wer weiß, vielleicht hat ja mit dieser Praxis zu tun, dass man im Osten die Probleme des Alltags etwas entspannter und mehr aus dem Bauch heraus angeht als bei uns im hektischen Westen. Schaden kann es jedenfalls nicht, es im Hinblick auf Gewürztees den Orientalen gleichzutun.

Gewürzmilch

Anders als beim Tee wird für Gewürzmilch das Gewürz beziehungsweise werden die Gewürze nicht abgeseiht, sondern man bereitet sie mit frisch gemahlenen Gewürzen zu, die man hineinrührt. Wer Kuhmilch nicht mag oder nicht verträgt, darf Soja-, Reis- oder Hafermilch nehmen. Hafermilch ist besonders empfehlenswert. (Erhältlich im Reformhaus und Naturkostgeschäft.)

So geht es:

Einen halben Liter Milch erwärmen und noch bevor sie kocht, einen gestrichenen Teelöffel voll frisch gemahlenem Zimt unterrühren, eventuell kombiniert mit einem oder mehreren anderen Gewürzen. Nach Geschmack etwas Honig zugeben und warm trinken. Zum Umrühren dürfen Sie eine Zimtstange nehmen, die Sie am Schluss genüsslich aussaugen.

Gewürzmilch schmeckt richtig lecker, nicht nur mit Zimt, Vanille, Muskat und Koriander, sondern auch mit scharfen Sachen wie Pfeffer und Chili. Allerdings sollte man auf keinen Fall überdosieren. Lieber über den Tag verteilt mehrere Becher Gewürzmilch zu sich nehmen.

Gewürze mit Schuss

Das TIME Magazine[11] berichtet über einen neuen Trend in der Bar-Kultur. Zunehmend werden für Cocktails nicht nur altbekannte Zutaten wie unterschiedliche Alkoholika, Sirups, Säfte und Ähnliches zusammengemixt, sondern auch pürierte frische Früchte und Gemüse, Kräuter und Gewürze. Die Künstler in den einschlägigen Lokalen in München haben diesen Trend längst entdeckt, sie offerieren Entsprechendes schon seit einiger Zeit.
Hier vier Leckereien, die die Geschmacksknospen besonders stimulieren – nur so zum Spaß, weniger aus gesundheitlichen Erwägungen.

Der Barchef von Falk's Bar macht folgende Empfehlung:

Longdrink für Winternächte

4 cl Arrak oder Rum
1 Esslöffel Honig
1 Orangenschale (ungespritzt, als Spirale geschnitten)
1 Zitronenschale (dito)
3 einzelne Gewürznelken
1 Prise Zimt

Alles gut miteinander verrühren und mit heißem Wasser (ein großes Wasserglas) auffüllen. Dieses tolle Wintergetränk wärmt von innen.

◂ *Frische Früchte, Kräuter und Gewürze – das ist der neueste Trend bei Cocktails*

Der Chef der Bar vom Anna-Hotel hat sich folgende alkoholfreie Köstlichkeit einfallen lassen:

Fruchtpunsch

1 Liter Apfelsaft
1 Liter Ananassaft
1 Liter Orangensaft
0,7 Liter Kirschsaft
8 cl Mangosirup
150 Gramm Honig
Sternanis
2–3 Zimtstangen

Zusammen ganz kurz aufkochen, etwas Sternanis und Zimtstangen darin ziehen lassen. Vor dem Servieren nochmals kurz erhitzen. Heiß trinken.

Sternanis – ebenso dekorativ wie wohlschmeckend ▸

Die »Bayerpost« kredenzt einen Drink mit einem besonders schönen Namen.

Alpenglühen

10 cl Maracujasaft
7 cl Orangensaft
2 cl Likör 43 oder Grand Marnier
1 cl Vanillesirup
etwas frisch gemahlenes Zimtpulver

Zutaten in einem Shaker mixen, kalt servieren.

Und in der Bar vom Hotel Cortiina gibt es »Chilly Willy«, den kalten Wilhelm. Der geht so:

Chilly Willy

2 cm Zimtstange
1 Blüte Sternanis
4 cl weißer Rum
2 cl Crème de Cacao
Sahne, frisch geschlagen
Chilischote

Die Zimtstange und den Sternanis in den weißen Rum einlegen, mit der Crème de Cacao leicht erwärmen und mit frisch geschlagener Sahne dekorieren. Eine Spur zerstoßene Chilischote darauf streuen.

Sangria, ein Sommer-Klassiker

Dieses fruchtige Getränk aus Spanien ist ein Klassiker und schmeckt besonders im Sommer gut. Der Geschmack von Zimt gehört unbedingt dazu.

4 Orangen, ungespritzt
2 Zitronen, ungespritzt
3 Pfirsiche
3 Nektarinen
2 Teelöffel brauner Zucker (darf weggelassen werden)
1 Liter roter Traubensaft oder spanischer Rotwein
oder: 1/2 Liter roter Traubensaft, 1/2 Liter spanischer Rotwein
1 Zimtstange

Je eine Orange und Zitrone auspressen. Die restlichen Orangen und die zweite Zitrone schälen und in dünne Scheiben schneiden. Einige Scheiben zur Dekoration der Gläser beiseite legen, die restlichen Scheiben vierteln und in eine Schüssel geben. Pfirsiche und Nektarinen gut waschen, abtrocknen, eventuell die Pfirsiche schä-

len. In Würfel schneiden und zu den Orangen- und Zitronenscheiben geben. Mit dem frisch gepressten Orangen- und Zitronensaft übergießen. Eventuell mit Zucker bestreuen. 15 Minuten lang kühl stellen. Traubensaft und/oder Rotwein und die Zimtstange hinzufügen. Weitere 30 Minuten lang kühl stellen. Die Zimtstange vor dem Servieren entfernen, eventuell zum Dekorieren der Gläser verwenden.

◂ *Hauptbestandteil von Sangria – Saft oder Wein aus roten Trauben*

Die Curry-Fraktion

Im Folgenden finden Sie Informationen über die Gewürze, die gern in Currymischungen, Tees und Gewürzmilch verarbeitet werden. Genau wie der Zimt verfügen sie nicht nur über hervorragende geschmackliche Qualitäten, sondern sie sind auch wahre Gesundmacher.[12]
Am Schluss jeder Beschreibung stehen Informationen darüber, ob es von dem entsprechenden Gewürz ein ätherisches Öl gibt, und wenn ja, wie man es verwendet.

Anis/Sternanis

Botanisch ist Anis (Pimpinella anisum) mit Kümmel, Kreuzkümmel, Dill und Fenchel verwandt. Die ovalen Samen stammen von einem Doldenblütler, der im Mittleren Osten und auf den östlichen Mittelmeerinseln beheimatet war. Heute baut man Anis in vielen Teilen der Welt an.
Die Blätter des frischen Anis schmecken hervorragend im Salat.
Was die Samen anbetrifft, so fördern sie die Verdauung, verhindern Blähungen und erfrischen den Atem. Deswegen werden sie in Indien nach dem Essen gekaut. Als mildes, schleimlösendes Mittel ist Anis Bestandteil von Hustensaft und -bonbons. Aus Anissamenöl werden Aperitifs und Liköre mit Anisgeschmack hergestellt, auf Französisch »anisette«. Man gibt ihn bei uns in Brot und süßes Gebäck. Er ist Bestandteil von Lebkuchengewürz und manchmal von Currypulver. Auch in Gewürztees spielt er eine Rolle.

Ätherisches Öl vom Anis wird nur selten genutzt, weil es relativ giftig ist. Man sollte es besser meiden.
Sternanis (Illicium verum) – das sind die sternförmigen Früchte eines Magnolienbaumes. In den Zacken verbergen sich köstliche kleine Samen, verwendet wird aber die gesamte Frucht. Sternanis ist mit dem eigentlichen Anis nicht verwandt, schmeckt aber ganz ähnlich und wird fast für identische Zwecke eingesetzt. Vor allem wirkt er harntreibend, bewirkt einen guten Gallenfluss und fördert die Verdauung. Er beruhigt Herz und Nerven und erfrischt die Atemwege. Er stammt aus China und Vietnam, wird nur dort angebaut und ist Bestandteil des chinesischen Fünf-Gewürze-Pulvers, zusammen mit Zimt oder Kassia, chinesischem Pfeffer (Fagara), Gewürznelken und Fenchelsamen.
Sternanis sieht wunderschön aus, tatsächlich wie ein Stern, und eignet sich daher gut zum Dekorieren von Speisen.
Vor kurzem stieg sein Preis enorm an, denn aus ihm wird Tamiflu hergestellt, das Medikament, das gegen Vogelgrippe helfen soll.
Auch das ätherische Öl vom Sternanis wird so gut wie gar nicht genutzt.

Bockshornkleesamen

Bockshornklee (Trigonella foenum-graecum) ist im östlichen Mittelmeerraum ebenso zu Hause wie in Asien. Man kennt ihn auch unter dem Namen Griechisch Heu, denn in Griechenland wurde er früher als Viehfutter angebaut. Er enthält viele Vitamine und Mineralstoffe und tut den Tieren gut. Der Bockshornklee gehört zur Familie der Hülsenfrüchte, das

Gewürz sind die in Schoten befindlichen Samen. Sie werden getrocknet, gedroschen und nochmals getrocknet. Genau wie der Klee selbst enthalten die Samen viele Proteine, Vitamine und Mineralstoffe, die eine vegetarische Ernährung aufwerten. Sie passen auch in größeren Mengen in jedes Currypulver, müssen aber, weil sie bitter schmecken können, auf jeden Fall vor dem Verarbeiten trocken oder in Öl angeröstet/angebraten werden.

Die alten Ägypter machten aus den Samen eine Paste, mit der sie den Körper einrieben, um Fieber zu senken. Sie nahmen Bockshornkleesamen auch zum Einbalsamieren von Verstorbenen her. Heute spielen Bestandteile davon bei der synthetischen Herstellung von Sexualhormonen eine Rolle.

Bockshornkleesamen verhindern ein Verklumpen der Blutplättchen. So tragen sie dazu bei, dass die Arterien frei bleiben. Sie wirken daher vorbeugend gegen Herzprobleme.

Vom Bockshornkleesamen gibt es kein ätherisches Öl.

Chili/Paprika

Chili (Capsicum) trat seine Reise um die Welt erst spät an, erst im 16. Jahrhundert. Dafür handelte es sich aber um einen mehr als erfolgreichen Kreuzzug, denn heute ist er überall so beliebt wie kaum ein anderes Gewürz. Chilischoten stammen aus Mexiko und wurden dort schon vor mehr als 6000 Jahren angebaut. Sie gehören zu den Nachtschattengewächsen. Botanisch gesehen handelt es sich nicht um Schoten, sondern um Beeren. Im Laufe der Zeit entwickelten sich aus den 30 Arten viele Unterarten, von win-

◂ *Bockshornkleesamen waren schon im alten Ägypten beliebt*

zigen, höllisch scharfen Chilis bis hin zu fleischigen, milden Gemüsepaprika in Grün, Gelb, Orange, Rot und Violett. Chili, Cayennepfeffer, Paprikagemüse, Peperoni, Jalapenos – all dies gehört der Gattung Capsicum an.
In frischem Zustand enthalten die »Beeren« extrem viel Vitamin C.
Chili fördert die Verdauung stärkehaltiger Nahrung, hilft gegen Asthma, Husten und Halsentzündungen, regt den Appetit an und verstärkt die Schweißabsonderung, das heißt, es entsteht ein abkühlender Effekt. Daher kommt, dass scharfe Chilis in den Tropen so beliebt sind und dort zu den Standard-Lebensmitteln gehören.
Außerdem verhindert Chili ein Verklumpen der Blutplättchen und hilft daher, die Arterien freizuhalten. So beugt er gegen Herzprobleme vor.
Luisa Francia schreibt: »Chili weckt Magen und Darm auf und wirft Verbrauchtes raus.«[13]
In großen Mengen verzehrt, können Chilis Magen und Darm verbrennen. Wenn Sie damit gearbeitet haben, waschen Sie sich gründlich die Hände und vermeiden Sie eine Berührung der Augen.
Die erhitzende Wirkung von Chili wird in Wärmepflastern und Salben gegen rheumatische Erkrankungen und Schmerzen genutzt.
Chili kann entweder als Gemüsepaprika oder als Gewürz Bestandteil von Currygerichten sein. Chilipulver sollte man aber im Gegensatz zu den meisten anderen Gewürzen nicht vor dem Kochen anrösten, sondern ungeröstet lassen und erst am Schluss hinzufügen.
In manchen Regionen stellen kleine scharfe Chilischoten die Basis für frisch zubereitete Currypasten dar.
Von Chili/Cayennepfeffer/Paprika gibt es kein ätherisches Öl.

Chili, Peperoni, Gemüsepaprika gehören alle zur gleichen Pflanzengattung ▸

Curryblätter

Curryblätter (Chalcas koenigii) stammen von einem kleinen Baum, der mit dem Zitronenbaum verwandt ist. Er wächst am Himalaya, im Süden Indiens und in Sri Lanka, wird aber auch überall auf dem indischen Subkontinent in Gärten angepflanzt.
Zerdrückt man frische Curryblätter, verströmen sie den typischen Geruch von Currypulver. Man kann sie mit den anderen Gewürzen anrösten und/oder in einem Currygericht mitkochen. Auf jeden Fall sollte man sie aber vor dem Verzehr entfernen.
Getrocknete Curryblätter verfügen kaum über Geschmack und Aroma, darauf kann man getrost verzichten.
Frische Curryblätter sind manchmal in Asiengeschäften erhältlich.
Von Curryblättern gibt es kein ätherisches Öl.

Fenchelsamen

Die Heimat des Fenchels (Foeniculum vulgare) liegt eigentlich im Mittelmeerraum, doch hat er sich heute auf der ganzen Welt verbreitet. Als die Portugiesen 1418 Madeira entdeckten, nannten sie ihren Landeort Funchal. Das kommt von »funcho«, dem portugiesischen Wort für Fenchel. Die Insel duftete nämlich stark nach diesem Gewürz.
In China gehört Fenchelsamen zu der berühmten Fünf-Gewürze-Mischung (zusammen mit Zimt, Sternanis, Pfeffer und Gewürznelken). In Indien wird er, manchmal überzogen mit Zucker, nach dem Essen gekaut.

Das soll den Atem erfrischen. Zudem tut Fenchel dem Magen gut.
In den Mittelmeerländern grillt man mit den getrockneten Stängeln wie mit Kleinholz. Mit den gemahlenen Samen würzt man Fischsuppen, Farcen und Wurst. Auch sind sie häufig Bestandteil von Currypulver und Gewürztees.
Übrigens enthalten über 60 handelsübliche Teemischungen gegen Verdauungsbeschwerden Fenchelsamen, außerdem viele Hustensäfte für Kinder.

▲ *Im Münchner Botanischen Garten fotografiert: Curryblätter*

Das ätherische Öl vom Fenchel gibt es in einer bitteren und einer süßen Version. Die bittere sollte nicht verwendet werden, denn sie kann starke Nebenwirkungen verursachen. Die süße, in Bädern und in der Aromalampe eingesetzt, beruhigt bei Stress, starker Anspannung und Nervosität. Einer Creme oder Körpermilch zugesetzt, wirkt sie straffend, auch bei Zellulite. In einem feucht-warmen Wickel oder einer Kompresse stärkt das Öl die Leber, es hilft bei schwacher, unregelmäßiger Menstruation, bei krampfartigen Verdauungsbeschwerden und Blähungen.
Mit Apfelessig emulgiert und dann mit warmem Wasser aufgefüllt, kann man damit bei Zahnfleischentzündungen den Mund spülen (Rezept wie auf Seite 145).

Ingwer

Wo genau in Asien der Ingwer (Zingiber officinale) ursprünglich zu Hause war, ist heute nicht mehr festzustellen. Schon früh wurde dieser Wurzelstock jedenfalls nach Arabien, Europa und China exportiert. Mit den Spaniern gelangte er nach Mexiko und in die Karibik. Heute wird er auch in Australien angebaut. Das »Rhizom« besteht aus einer Reihe knollenförmiger Abschnitte. Sie werden entweder frisch oder eingelegt, in getrockneten Stücken, als Pulver oder auch kandiert verwendet. Wer in den intensiven Genuss der Heilkräfte kommen möchte, kauft einen möglichst frischen Wurzelstock, schält und reibt ihn auf einer kleinen Reibe oder schneidet ihn in kleine Stückchen. Mit heißem Wasser übergossen und eventuell mit Honig gesüßt, stellt Ingwer ein wirksames Getränk gegen Erkältungen, Frösteln und Magenprobleme dar. (Er ist in vielen Mitteln gegen Magenbeschwerden enthalten.) Außerdem verhindert er ein Verklumpen der Blutplättchen. Er trägt daher dazu bei, die Arterien freizuhalten, und beugt Herzproblemen vor.

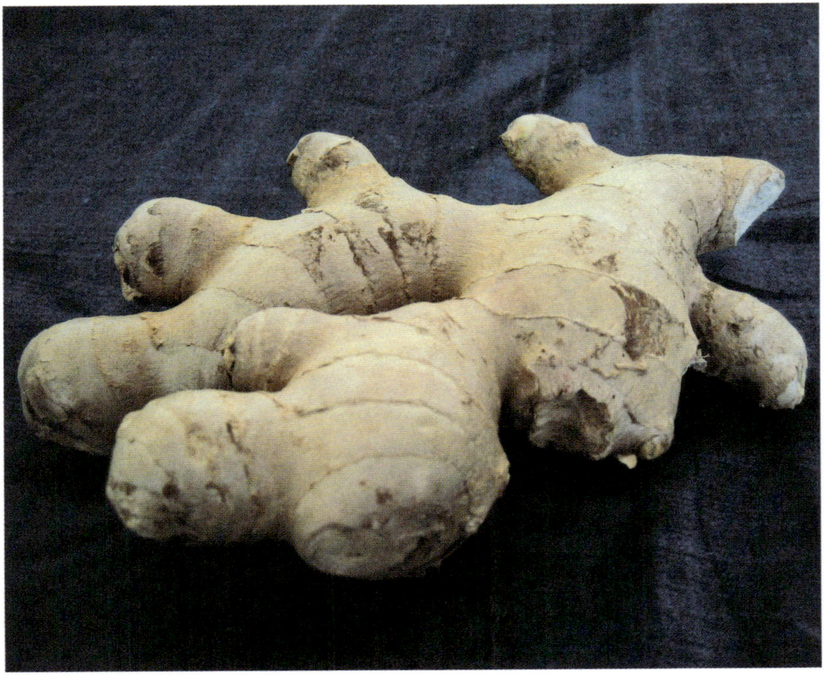

▲ *Wirkt gegen Reisekrankheit, Erkältungen und viele weitere Probleme: Ingwer*

Mit Ingwer lassen sich süße wie pikante Gerichte würzen: Marmeladen, Desserts, Kuchen, Obstsalate, Kompotte, Chutneys, Marinaden, Curries und so weiter. In Gewürztees passt er wunderbar.
Ingwer hilft gegen Reise- und Seekrankheit, wirkt verdauungsfördernd und blähungstreibend.
Sein ätherisches Öl spielt in der Getränke-, Süßwaren- und Parfumindustrie eine Rolle. Es wärmt und hilft gegen rheumatische Schmerzen, Erkältungen, Durchfall, Muskelschmerzen und Müdigkeit.[14]

Kardamom

Im Westen Kambodschas liegen die Kardamomhügel, daher der Name dieses Gewürzes (Elettaria cardamomum). Es gehört zur Familie der Ingwergewächse, ist eine schilfartige Staude und wird vor allem in Indien angebaut. Zusammen mit Safran und Vanille gehört Kardamom zu den teuersten Spezereien. Die kleinen grünen Kapselfrüchte enthalten drei Kammern mit schwarzen Samen, die recht eigenwillig schmecken. Die arabischen Händler, die den Kardamom in die westliche Welt einführten, aromatisierten damit ihren Kaffee und das tun sie bis heute. Dafür mahlen sie die Kapseln entweder zusammen mit den Kaffeebohnen, oder sie schieben die Frucht einfach in die Tülle der Kaffeekanne oder legen sie unten in die Tasse.
Im alten Griechenland wurde Kardamom vor allem wegen seiner gesundheitlichen Wirkungen geliebt, im antiken Rom machte man daraus Parfum.

Hier bei uns kennt man den Geschmack kaum, dafür ist er in Skandinavien sehr beliebt.
Das Gewürz fördert die Verdauung, regt Kreislauf, Hormonhaushalt und Stoffwechsel an, wirkt blähungstreibend und gilt als Aphrodisiakum. In vielen asiatischen Ländern kaut man ihn zur Erfrischung des Atems.
Kardamom ist Bestandteil von Curry- und Lebkuchengewürz und passt ausgezeichnet in Gewürztees. Außerdem schmeckt er in Obstsalat, Kompott, Schokoladen- und Mokkadesserts.
Als ätherisches Öl ist Kardamom bei folgenden Problemen sehr nützlich: Darm-/Verdauungsproblemen, Übelkeit, Sodbrennen, Blähungen, Durchfall, Erkrankungen der Atemwege und Depressionen. Vorsichtig dosieren, weil das Öl die Haut reizen kann.

Knoblauch

Knoblauch fällt nicht unter die strenge Definition von Gewürzen, er wird hier aber trotzdem erwähnt, weil er ein so großartiger Heiler ist.

Knoblauch (Allium sativum) gehört ebenso wie Lauch und Zwiebeln zur Familie der Lauch- oder Liliengewächse (botanischer Name: Liliaceae). Er ist eine der bekanntesten und ältesten Würz- und Heilpflanzen. Ursprünglich stammt er aus Zentralasien. Aber schon die alten Ägypter bauten ihn an. Pythagoras bezeichnete ihn als König der Gewürze (obwohl er, wie gesagt, streng genommen kein Gewürz ist). Zu uns gelangte er bereits, bevor die Römer kamen.

Man kannte den »Knofel« schon immer als Heilpflanze. Er gilt als Allheilmittel gegen Krankheiten wie Bisse und Stiche, Ausschlag, Asthma und Parasiten. Vor allem das ätherische Öl fördert die Gesundheit. Es regt die Verdauung und Durchblutung an.
Knoblauch beugt der Gefäßverkalkung vor, denn er senkt erhöhte Blutfettwerte und erhöhten Blutdruck. Er aktiviert den gesamten Stoffwechsel und unterstützt die Leber. Zudem enthält er die Vitamine A, B und C und antiseptische Wirkstoffe. Das Allicin desinfiziert, es tötet Bazillen und Pilze, besonders in den Harnwegen und im Magen-Darm-Bereich. Es regt den Kreislauf an, fördert die Entschlackung und beugt Arterienverkalkung vor. Der Geruch, der manchmal als störend empfunden wird, entwickelt sich weniger, wenn man den Knoblauch verkocht, statt ihn roh zu essen. Zur Reinigung des Atems nach dem Essen gibt es folgende Empfehlungen: Petersilie oder Gewürznelken oder einen Apfel essen. Oder Milch oder einen starken Kaffee trinken.
Knoblauchöl ist erstaunlicherweise ein viel genutztes ätherisches Öl, obwohl es nicht sehr angenehm duftet. Aber es ist äußerst effektiv: Es wirkt stark antiseptisch und entgiftend. Daher empfiehlt es sich besonders zur Vorbeugung gegen Erkältungen und zur Behandlung von Akne. Aber auch bei den oben genannten anderen Problemen kann Knoblauchöl hilfreich sein. Am besten ist es, das Öl in Form von Kapseln zu sich zu nehmen, dann kommt der Geruch nicht so sehr zum Tragen. Es gibt auch Zäpfchen. Beides, Kapseln und Zäpfchen, nur nach der Beratung mit einem erfahrenen Therapeuten anwenden.

◂ *Kaum zu glauben, aber wahr: Knoblauch ist mit der Lilie verwandt*

Koriander

Coriandrum sativum war ursprünglich im östlichen Mittelmeerraum und im Nahen Osten verbreitet und wurde schon im alten Ägypten als Heilpflanze und Gewürz verwendet. Aufzeichnungen dazu sind auf einem Papyrus zu finden. Heute wird er auf der ganzen Welt angebaut. Er war eine der ersten Gewürzpflanzen, die Nordamerika erreichten. Bereits im 17. Jahrhundert wurde er in Massachusetts angepflanzt.

Man nimmt die grünen Blätter des Koriander wie Petersilie, der Geschmack ist eigenartig seifig. Zum Kochen werden Samen und Wurzeln verwendet, die ganz anders schmecken als das Kraut, nämlich würzig-holzig, süß und balsamisch. Mit den Wurzeln dickt man in Indien und Thailand Eintöpfe und Currygerichte ein.

Koriandersamen wirken wohltuend auf den gesamten Verdauungsapparat. Bei Darmträgheit und Verstopfung hilft er meist schnell und ohne Nebenwirkungen. Er stärkt und ist daher besonders nach Krankheiten zu empfehlen. Außerdem kann er Migräne lindern.

Koriandersamen werden sowohl für süße als auch für salzige beziehungsweise pikante Gerichte verwendet: für Schokolade, Liköre und Gin, Sauergemüse, Eintöpfe, zum Bestreuen von Brot und als Bestandteil von Currypulver und Tee.

Ätherisches Öl vom Koriander, destilliert aus den Samen, duftet besonders gut. Es lindert folgende Beschwerden: Müdigkeit, Antriebsschwäche, Angst, Nervosität, Menstruationsbeschwerden, Blähungen, Krämpfe, Neuralgien und rheumatische Schmerzen.

Nicht während einer Schwangerschaft verwenden!

Kraftvolle Kügelchen: Koriandersamen ▸

Kreuzkümmel

Kreuzkümmel (Cuminum cyminum) hat ebenso wie Schwarzkümmel nichts mit dem uns geläufigen Kümmel zu tun. Er stammt aus dem Niltal und verbreitete sich von dort in alle Welt. In Indien gehört er in alle Gewürzmischungen hinein, auch in Currypulver. In Nordafrika verwendet man ihn für Couscous. Aus der mexikanischen Küche ist er nicht wegzudenken. In der spanischen Küche würzt man Eintopfgerichte gern mit einer Kombination aus Kreuzkümmel, Zimt und Safran. Als Heilmittel wirkt er gegen Durchfall, Blähungen und Verdauungsstörungen.
Hier in unseren Breiten sollte man mit diesem Gewürz eher vorsichtig umgehen – außer, man weiß genau, dass diejenigen, die das entsprechende Gericht verzehren, den Geschmack mögen. Der ist nämlich, nun ja, ausgesprochen speziell.
Als ätherisches Öl entkrampft Kreuzkümmel, er verhindert Blähungen und stärkt den Magen.
Bei Sonneneinstrahlung kann das Öl Flecken auf der Haut verursachen.

Kurkuma/Gelbwurz

Kurkuma (Curcuma domestica) wird auch Gelbwurz oder Gelbwurzel genannt. Sie oder der wesentlich teurere Safran verleihen dem Currypulver seine typische Farbe. Kurkuma gehört zur Ingwerfamilie und ist in Asien beheimatet. Es handelt sich um einen Wurzelstock (Rhizom), der nicht nur als Gewürz und Heilmittel, sondern auch als Farbstoff, in der Kos-

Sogar Stoffe werden mit Gewürzen präpariert. (Gegen Hautprobleme und Rheumatismus) ▸

metik und für rituelle Zwecke verwendet wird. Kurkuma verfügt über viele Heilkräfte, vor allem unterstützt sie die Verdauung, hilft gegen Völlegefühl, Blähungen, Übelkeit und Erbrechen. Sie wird auch gegen Leber- und Hautkrankheiten eingesetzt. In vielen handelsüblichen Medikamenten gegen Gelenkbeschwerden ist Kurkuma enthalten, was kaum jemand weiß.

Kurkuma gehört zu den beliebtesten Gewürzen in Nordafrika und der Karibik. Außerdem wird sie in China, Indonesien, Peru, Südamerika und Australien angebaut. Sie schmeckt pfeffrig, frisch, moschusartig, leicht nach Orange und Ingwer.

Kurkuma verhindert ein Verklumpen der Blutplättchen und trägt dazu bei, die Arterien freizuhalten. Nach neuesten Untersuchungen kann der regelmäßige Verzehr von Kurkuma gegen die Alzheimersche Krankheit vorbeugen.

Eine weitere neue Information über diese Heilpflanze[15] lautet, dass sie zusammen mit anderen pflanzlichen Zutaten zur Präparierung von Stoffen hergenommen wird. Daraus werden Kleidung, Handtücher und Bettzeug für Menschen mit Hautproblemen hergestellt. Erste Untersuchungen zeigen, dass allein die Verwendung solcher Stoffe eine deutliche Linderung bringt, nicht nur bei Ekzemen und Psoriasis, sondern erstaunlicherweise auch bei Rheumatismus. Der generelle Ausdruck lautet »medizinische Textilien«, der Markenname »ayurvastra«.

Es gibt ätherisches Öl von Kurkuma, aber das wird nur selten verwendet.

Lorbeer

Ein »Laureat« ist ein preisgekrönter Dichter. Der Name stammt vom lateinischen Wort für Lorbeer: laurus nobilis. Denn mit Lorbeerkränzen schmückte man Menschen, die etwas Herausragendes geleistet hatten. Der Lorbeer war also schon immer etwas Besonderes. Der Baum war dem Sonnengott Apollo geweiht und er wurde regelrecht verehrt.
Seine Blätter nahm man schon im Altertum als Gewürz und Heilmittel her, vor allem gegen Magen- und Nierenleiden, und man setzte sie Bier und Wein zu. In mittelalterlichen Medizinbüchern wird er ebenfalls als Mittel gegen Magen-, Darm- und Nierenleiden erwähnt.
Der Baum stammt aus Kleinasien. Heute wächst er im gesamten Mittelmeerraum, in Russland, Mittel- und Südamerika. Er wird bis zu 100 Jahre alt. Bei uns ist er nicht winterhart, er kann aber in Kübeln wachsen und so die kalte Jahreszeit in einem hellen, frostfreien Raum überdauern.
Lorbeerblätter werden das ganze Jahr über geerntet und dann entweder frisch oder getrocknet verwendet. Wenn man frische Blätter selbst trocknen möchte, sollte man sie nicht der Sonne aussetzen, denn dann büßen sie ihr Aroma ein.
Am besten geben die Blätter Duft, Geschmack und Heilwirkung ab, wenn man sie etwas zerkleinert und mitkochen lässt, allerdings nicht zu lange, weil sie sonst bitter werden. Vor dem Servieren herausnehmen. Man kann sie auch in ein Gewürzsäckchen oder ein Tee-Ei geben, dann sind sie nach dem Kochen ganz leicht zu entfernen.
Lorbeerblätter regen Appetit und Verdauung an. Sie beruhigen den Ma-

gen, lindern Blähungen, hemmen Bakterien und Pilze und lösen Schleim und Husten.
Es gibt ein ätherisches Öl von den Blättern, das wird aber nicht viel verwendet. Mehr Verwendung findet das fette Öl aus den Früchten. Man nimmt es äußerlich als eine Art Salbe gegen Schwellungen und Insektenstiche.
Lorbeerblätter schmecken sehr gut in allen pikanten Gerichten, zum Beispiel in Tomatensaucen, Kohl, Suppen, Marinaden, auch in Currys. Sie machen jede Speise bekömmlicher.

Muskat/Macis

Ursprünglich wuchs die Muskatnuss (Myristica fragrans) nur auf wenigen Inseln in Indonesien. Heute wird sie auch auf Java, den Antillen und Mauritius angebaut. Sie besteht aus einem bräunlichen Kern, der eigentlichen Nuss, die jedoch im botanischen Sinn eine Beere ist. Außerdem weist sie einen netzartigen, sehr hübsch anzuschauenden Samenmantel auf, der abgetrennt und zu einem eigenen Gewürz verarbeitet wird, zu Macis. Dieser findet nicht nur in der Küche, sondern auch in Kosmetikprodukten Verwendung. Er duftet und schmeckt süßer und feiner als die Muskatnuss. Manchmal wird er »Muskatblüte« genannt, was aber nicht korrekt ist.
Bei uns kennt man die Muskatnuss erst seit dem 11. Jahrhundert. In Indien wurde sie schon von alters her als Heilmittel verwendet und auch hier bei uns setzte man sie zu Anfang ausschließlich auf diese Weise ein. In vielen Rezepten der Hildegard von Bingen spielt sie eine Rolle. (Siehe das Re-

zept für die Nervenkekse auf S. 46.) Sie gilt als Aphrodisiakum und wirkt als Magenmittel, speziell gegen Krämpfe, Blähungen und Durchfall.
Der Verzehr frischer Muskatnüsse kann Rauschzustände verursachen. Größere Mengen wirken giftig, fünf bis 30 Gramm auf einmal davon zu sich zu nehmen kann zum Tod führen.
Macis und Muskatnuss können Ingredienzien von Lebkuchengewürz und Currypulver sein. Macis schmeckt auch sehr gut in Marinaden und gehört in die Münchner Weißwurst. Die »Nuss« wird am besten mit einer kleinen Reibe gerieben. Der Geschmack passt ebenso zu herzhaften Gerichten wie in Desserts. Der Eierpunsch (eggnog), den man in Nordamerika zu Weihnachten serviert, wird mit Muskat gewürzt.
Vorsicht aber mit dem Aufbewahren, das Gewürz wird leicht von Schimmelpilzen befallen. Daher beim Kauf besonders auf Frische achten und vor jeder Verwendung prüfen, dass alles in Ordnung ist.
Ätherisches Öl von der Muskatnuss wirkt antiseptisch, schmerzlindernd und wärmend. Es fördert die Durchblutung, stärkt das Herz, kräftigt das Verdauungssystem und wirkt gegen Seekrankheit. Weil es Mundgeruch verhindert, kann man daraus ein Mundwasser herstellen (siehe Seite 145).
Macis-Öl baut auf, spendet Energie, lindert Schmerzen, es wirkt bei Infekten der oberen Luftwege sowie bei Magen- und Darmstörungen.
Beide Öle nicht in der Schwangerschaft verwenden und so gering wie möglich dosieren, immer verdünnen.

Nelken

Ähnlich wie Muskatnuss waren Nelken (Syzygium aromaticum) ursprünglich nur auf einigen wenigen Inseln Indonesiens heimisch. Sie gehörten zu den begehrtesten Produkten beim Gewürzhandel. Heute kommen die meisten Gewürznelken aus Sansibar. Es handelt sich bei dem Gewürz um die Knospen eines zur Familie der Myrtengewächse gehörigen Baumes, die in der Sonne getrocknet werden.

Ein wichtiger Teil der Nelken aus Sansibar geht nach Indonesien, wo man sie zur Herstellung der nicht nur dort beliebten Nelkenzigaretten verwendet.

Nelken können helfen, gegen Herzprobleme vorzubeugen, denn ihr Verzehr verhindert ein Verklumpen der Blutplättchen und hilft, die Arterien frei zu halten.

Als Gewürz verwendet man Nelken vor allem in Marinaden, in Kohl- und Wildgerichten, auch in Kompotten, Likören und Glühwein. Enthalten sind sie in Currypulver, in der chinesischen Fünf-Gewürze-Mischung, in den französischen quatre épices sowie im Lebkuchengewürz. Außerdem gibt man Nelken gern in Gewürztees. Der ganz spezielle, scharf-würzige Geschmack von Worcestersauce rührt von den darin enthaltenen Nelken her.

Ätherisches Öl von Nelken löst Krämpfe, wirkt antiseptisch und blähungswidrig. Es spielt als Konservierungsmittel und als Antiseptikum in der Zahnheilkunde eine wichtige Rolle. Es lindert Zahnschmerzen. (Mit einem Wattestäbchen auf die entsprechende Stelle im Mund auftragen.) Man kann daraus Mundwasser herstellen (siehe Seite 145).

In der Duftlampe verwendet, hält es Insekten fern.

Pfeffer

Die Heimat des schwarzen Pfeffers (Piper nigrum) ist die Malabarküste Indiens. Schnell wurde er zur begehrtesten Ware beim Fernhandel zwischen Ost und West. Bis heute ist er das beliebteste Gewürz der Deutschen. Schon zur Blütezeit der minoischen Kultur (etwa 1200 vor Christus) erwähnte man auf Kreta Pfeffer. Heute sind Länder, »wo der Pfeffer wächst«, neben Indien ein Großteil Südostasiens sowie die tropischen Gebiete Afrikas und Brasiliens.
Bei diesem Gewürz handelt es sich um die Beeren eines immergrünen Strauches, die man auf dreierlei Weise verwendet: als grünen Pfeffer (unreife Beeren, mariniert), als schwarzen Pfeffer (unreife Beeren, in der Sonne getrocknet) und als weißen Pfeffer (reife Beeren). Die reifen Beeren weicht man nach dem Trocknen in Meerwasser ein, damit sich die Schale entfernen lässt. Entgegen anderer Informationen, die kursieren: Grüner, schwarzer und weißer Pfeffer kommen alle vom gleichen Strauch. Nichts mit dem Piper nigrum zu tun haben allerdings so genannter rosa Pfeffer, Sichuanpfeffer, Nelkenpfeffer (Piment), Chili- und Cayennepfeffer.
Schwarzer Pfeffer hilft gegen Erkältungen, rheumatische Erkrankungen, Appetitlosigkeit, Reizmagen, Darmentzündungen und chronische Hauterkrankungen. Auch gilt er als Scharfmacher im Sinne von aphrodisierend. Der Pfeffer im Allerwertesten ist sprichwörtlich.
Pfeffer hat genau wie Zitronensaft die Eigenschaft, den typischen Geschmack eines Gerichtes zu unterstreichen, jedenfalls, wenn man ihn in Maßen hernimmt. Normalerweise wird er für würzige Gerichte verwen-

det, auch für Curries, aber in Spuren schmeckt er sogar in Schokolade – flüssig oder fest –, in Lebkuchen und, wie der Name verrät, in Pfefferkuchen. Manchmal ist er Bestandteil von Gewürztees.
Das ätherische Öl vom Pfeffer wärmt und rötet die Haut, kann aber bei geringer Dosierung Fieber senken. In Massageöl oder Körperlotion kann man es gegen Blutarmut, Muskelkater und Muskelschmerzen einsetzen, auch gegen Schmerzen bei Rheumatismus und Arthritis.

Piment

Kolumbus brachte die erbsgroßen, wunderbar schmeckenden Beeren des Pimentbaumes aus Jamaika mit nach Europa. Er hatte sie mit Pfeffer verwechselt. Daher heißt Piment (Pimenta dioica) bis heute bei uns Jamaikapfeffer.
Der Pimentbaum ist ein Myrtengewächs und nicht mit dem schwarzen Pfeffer verwandt. Heute wird Piment als einziges Gewürz von Bedeutung fast ausschließlich aus der Neuen Welt eingeführt. Sein Aroma erinnert an eine Mischung von Pfeffer, Nelken, Zimt und Muskatnuss. So nennt man ihn auch Viergewürz, Allgewürz und Nelkenpfeffer.
Er hilft gegen Verdauungsstörungen und verleiht unangenehm schmeckenden Heilmitteln ein angenehmeres Aroma.
Piment ist Bestandteil von Gurken-Einlegegewürz, von Lebkuchengewürz, man gibt ihn in Currymischungen, Ketchup, Kuchen und Konfitüren.
Das ätherische Öl von Piment wird nur selten verwendet.

◂ *Schwarzer, weißer und grüner Pfeffer stammen von derselben Pflanze. Rosa Pfeffer gehört nicht dazu*

Safran

Dem lateinischen Namen lässt sich entnehmen, dass Safran (Crocus sativus) ein Krokus ist. Genauer gesagt besteht das Gewürz aus den feinen Blütennarben dieser Blume. Safran gehört zu den Irisgewächsen, war in Persien heimisch und verbreitete sich dann bis nach Indien, Südeuropa und China. Weil von den Blütennarben sehr viele gebraucht werden und sie zudem von Hand geerntet werden müssen, ist Safran bis heute das teuerste aller Gewürze. Es kostet pro Kilogramm 1000 bis 1500 Euro. Zum Kochen benötigt man aber nur sehr wenig davon. Wegen des hohen Preises hat der Safran immer dazu verlockt, ihn zu fälschen oder zu strecken.
Schon im alten Ägypten war diese Spezerei bekannt. Dort und im alten Rom machte man daraus Parfum. Man verwendete Safran zum Färben, als Gewürz und als Heilmittel.
Er löst die Menstruation aus, wirkt beruhigend, krampflösend und verdauungsfördernd. In größeren Mengen genossen, ist er allerdings giftig und kann sogar tödlich sein. Bei den Nomadenvölkern der arabischen Länder schenkt man Safran zusammen mit Weihrauch der Braut zur Hochzeit, da er die Fruchtbarkeit steigern soll.
Safran passt sehr gut zu Reis, Nudeln, Fisch und Tomatensaucen, aber auch zu Süßspeisen und in süße Getränke. Vor allen Dingen aber ist er ein Farbgeber: Safran macht den Kuchen gehl. Die spanische Paella erhält durch Safran ihre Farbe, ebenso das Currygewürz – aber hier darf es auch Kurkuma sein.
Ätherisches Öl vom Safran wird nicht verwendet, denn es wäre übermäßig teuer.

Salz

Salz (Sal) entstammt dem Mineralreich und ist daher kein Gewürz. Aber weil man umgangssprachlich sagt, man »würzt« mit Salz oder man »schmeckt damit ab«, soll hier doch darauf eingegangen werden.

Bis vor kurzem hieß es, man solle mit Salz möglichst sparsam umgehen. Und für manche Menschen mit bestimmten Krankheiten stimmt das auch nach wie vor. Aber mittlerweile hat man herausgefunden, dass Salz für prinzipiell Gesunde nur dann schädlich ist, wenn es sich um raffiniertes, gebleichtes »Industriesalz« handelt, das als »Tafelsalz« auf den Markt kommt und aus nichts anderem als Natriumchlorid besteht.

Natürliches Salz aus dem Meer, den Bergen oder aus Salzwasser in der Erde (Sole) enthält zusätzlich zu reinem Natriumchlorid noch Spuren von wertvollen Mineralien wie Kalium, Calcium, Magnesium, Lithium und so weiter. Die braucht der Körper in genau diesen geringen Dosen, denn nur so kann er sie auch verwerten.

Es muss gar nicht das teure Salz aus dem Himalaya sein, das vor einiger Zeit so viel von sich reden machte. Hervorragendes Salz aus unverschmutzten Teilen des Meeres, zum Beispiel der Nordsee, Steinsalz aus den Alpen oder Siedesalz von Sole aus Norddeutschland ist genauso wertvoll.

Auf der Hand liegt, dass man auch solches hochwertiges Salz nicht in Mengen verzehren soll. Aber die Gier nach Salzigem, die durch die Verwendung vom schlechtem, seiner kostbaren Bestandteile beraubtem »Tafelsalz« hervorgerufen wird, verschwindet von selbst, wenn man auf das

gute umsteigt. Und dabei schmeckt natürliches, unraffiniertes, ungebleichtes Salz mild und vollmundig. Es ist ein Genuss. Gourmetköche verwenden nur solches Salz …
In Reformhäusern, Naturkostläden und zunehmend auch in Feinkostgeschäften ist es erhältlich und man kann sich dort beraten lassen.
Das Vermörsern von Gewürzen funktioniert einfacher und gründlicher, wenn man zu den Gewürzen ein bisschen Salz dazugibt. So wird alles griffiger und es verbindet sich besser.
Übrigens bedeutet das lateinische Wort »Sal« nicht nur Salz, sondern auch Witz und Humor.
Dass es vom Salz kein ätherisches Öl gibt, ist klar.[16]

Schwarzkümmel

Schwarzkümmel (Nigella sativa) gehört zur Familie der Hahnenfußgewächse. Mit Kümmel oder Kreuzkümmel hat er nichts zu tun.
Er schmeckt gut in Curries. Man kann ihn in alle Curry-Gewürzmischungen einarbeiten, sogar eine ganze Menge davon. Er passt aber auch in Brotteig, Kohl, Kartoffelgerichte, Salate und Dips.
Im gesundheitlichen Bereich gilt er als regelrechtes Wundermittel, denn er unterstützt das Abwehrsystem des Körpers und bringt es in ein natürliches Gleichgewicht. Er beschleunigt die Wundheilung und Zellerneuerung, verhindert die Symptome von Allergien, fördert die Verdauung, senkt den Blutzuckerspiegel, löst Sekrete und erweitert die Bronchialgefäße, entwässert und entgiftet, beugt Gefäßkrankheiten vor und

◂ Eine Zutat für Gourmetköche: natürliches, unraffiniertes Salz

tötet Bakterien, Viren und Pilze. Außerdem stabilisiert er Psyche und Nervensystem.
Eine Schwarzkümmel-Kur empfiehlt sich zum Beispiel, um eine Allergie oder Hautprobleme in den Griff zu bekommen oder um generell das Immunsystem zu stärken. Dann sollte man zusätzlich zum Verzehr der Samen Schwarzkümmelöl zu sich nehmen. Das gibt es in Flaschen (zum Einnehmen mit dem Löffel) oder in Kapseln. Es handelt sich nicht um ein ätherisches Öl, sondern einfach um das Öl der Samen, wie man es beispielsweise auch aus Sesamsamen herstellt.

Senfsamen

Senf (Sinapis alba, Brassica hirta, Brassica nigra) ist seit tausenden von Jahren bekannt und wird vielfältig verwendet, in der Küche und als Heilmittel, zum Beispiel als Pflaster. Der weiße Senf wächst in Europa und Nordamerika, der braune in Indien, der schwarze in Südeuropa und im westlichen Asien. Das Wort leitet sich vom lateinischen »sinapis« ab. In Europa war Senf lange eins der wenigen Gewürze, die sich auch arme Leute leisten konnten.
Weiße, braune und schwarze Senfsamen weisen im Gegensatz zu den meisten anderen Gewürzen praktisch keinen Geruch auf. In Indien werden die ganzen Samen in heißem Öl angeröstet, um ihren Geschmack zu erschließen. Sie finden dann zum Beispiel bei der Zubereitung eines Currygerichts Verwendung. Bei uns verwendet man die ganzen Körner für sauer eingelegtes Gemüse. Man kann sie aber auch auf einem feuchten

Tuch zum Keimen bringen. Die Keimlinge schmecken scharf und passen gut in Salat.
Früher bereitete man Senf zu Hause zu. Die Körner wurden gemörsert und mit Essig, manchmal mit Honig, Ingwer, Kurkuma, frischen Kräutern und Wein vermischt.
Es gibt ätherisches Öl vom Senfsamen, aber das wird nicht sehr häufig eingesetzt.

Vanille

Vanille (Vanilla planifolia) ist eine mexikanische Liane aus der Familie der Orchideen. Die Fruchtkapseln werden vor der Reife geerntet und mehrere Monate lang an der Sonne getrocknet. Dabei verwandelt sich ihr Milchsaft durch Fermentation in eine schwarzbraune Masse – das ist die allseits beliebte Vanille, eines der teuersten Gewürze. Heute wird Vanille auch auf Madagaskar, den Seychellen und einigen anderen Inseln angebaut.
Vanille galt bei den Azteken als Aphrodisiakum, ebenso Kakao. Kakao mit Vanille stellt sozusagen die Potenzierung eines Aphrodisiakums dar und ist zudem bis heute sowohl in flüssiger als auch in fester Form ein wirksamer Trost bei Herzeleid.
Mit Vanille werden vor allem Desserts und süßes Gebäck, Lebkuchen, Schokolade, Konfekt und Eiscreme gewürzt. Manchmal ist sie Bestandteil von Gewürztees.
Das ätherische Öl von der Vanille duftet ganz wunderbar. Man kann es in der Duftlampe verwenden, aber auch als Zusatz zu Bädern und Cremes

oder Lotionen. Dann wirkt es antiseptisch, menstruations- und verdauungsfördernd.

Zitronengras

Zitronengras (Cymbopogon citratus), englisch: lemongrass, ist eine mehrjährige tropische Grasart mit frischem Zitrusaroma, welches auf das im ätherischen Öl enthaltene Citral zurückzuführen ist. Nur sehr wenige Gräser enthalten ätherisches Öl.
Es ist in Südostasien heimisch. Dort gilt es als Grundgewürz und wird häufig in Currypasten verwendet. Es schmeckt auch als Tee sehr gut. Man nimmt nur den unteren, hellen Teil des Stängels.
Zitronengras kann man ganz einfach selbst züchten: Kaufen Sie in einem Asienladen einen Bund frisches Zitronengras und suchen Sie zwei oder drei Stängel aus, die unten kleine Wurzelansätze haben. Stellen Sie sie in ein Glas Wasser. Schon nach wenigen Tagen beginnen die Wurzeln zu treiben. Sie können das Zitronengras nun in einen Blumentopf pflanzen und nach Bedarf ernten.
Das ätherische Öl vom Zitronengras besitzt in der Aromatherapie eine ziemliche Bedeutung. Es kräftigt und stimuliert den gesamten Organismus, was bei fieberhaften Erkrankungen von Vorteil ist. Das Öl lindert Kopfschmerzen. Weil es die Haut reizen kann, sollte man es mit einem Trägeröl (z. B. Mandelöl) verdünnen und dann auf Schläfen und Nacken verreiben. Auch dann vorsichtig dosieren, wenn es Bädern und Massageölen beigegeben wird. So verwendet, wirkt es antiseptisch, desodo-

◂ *Vanille – eins der teuersten Gewürze und ein Aphrodisiakum*

rierend und erfrischend, als Fußbad gegen schwitzende und müde Füße.
In der Duftlampe hält es Insekten fern.
Wegen der antiseptischen Wirkung kann man es gut ins Putzwasser geben (Anleitung Seite 156).

Berühmte Mischungen

In drei international bekannten Gewürzmixturen spielt Zimt eine Rolle. Dem Currypulver vergleichbar ist ras el hanout, eine aus Nordafrika stammende Mischung vieler Gewürze. Eine Standardzubereitung gibt es nicht, jeder Koch und jede Hausfrau hat ein privates Geheimrezept. Hauptbestandteile sind Zimt, Muskatnuss, Ingwer, Nelken, Pfeffer, Kreuzkümmel und Cayennepfeffer. Auch Macis, Anis, Kardamom, Piment und sogar getrocknete Lavendelblüten können hinzugefügt werden. Manchmal hat ras el hanout bis zu 100 verschiedene Bestandteile. Es wird für Couscous, Reis- und Fleischgerichte verwendet.
In Frankreich sehr beliebt sind die quatre épices, vier Gewürze, eine Mixtur aus Pfeffer, Nelken, Muskatnuss und Ingwer. Die vier Gewürze werden gern noch mit Zimt, Piment und Paprika aufgestockt. Man nimmt sie vorwiegend für Fleischgerichte.
Die bekannteste chinesische Gewürzmischung ist das Fünf-Gewürze-Pulver, bestehend aus Zimt oder Kassia, Sternanis, Nelken, Fenchelsamen und chinesischem Pfeffer. Es hat einen leichten Lakritzgeschmack und wird vor allem in Saucen, Marinaden und Fleischgerichten verarbeitet.

◂ *Zitronengras, eine Pflanze aus den Tropen, bereichert Küche und Medizinschränkchen*

Aromatherapie

Schon vor rund 5000 Jahren hat man mit ätherischen Ölen geheilt. Die Idee, den Duft und damit das eigentliche Wesen einer Heilpflanze einzufangen und für die Gesundheit von Körper und Seele zu nutzen, hat wohl schon immer auf die Menschen einen starken Reiz ausgeübt. Ätherisch bedeutet himmlisch. Im Englischen sagt man »essential oils«. Tatsächlich befindet sich in den Destillaten quasi die Essenz der Pflanze. Es gibt sie von vielen Gewürzen, auch vom Zimt.

Die Kunst, mit ätherischen Ölen zu heilen, geriet über lange Zeit in Vergessenheit. Neu entdeckt hat sie der Franzose René-Maurice Gattefossé, der auch den Namen »Aromatherapie« prägte. Auf der Basis von Gattefossés Lehre gebrauchte der Arzt Dr. Jean Valnet als Sanitäter während des Zweiten Weltkrieges ätherische Öle, um Kriegsverletzungen zu desinfizieren und zu heilen, und er war damit sehr erfolgreich. Die Aromatherapie erzielt handfeste Ergebnisse. Wer sie bloß als einen angenehmen Zeitvertreib ansieht, liegt falsch.

Gattefossés Buch erschien Ende der 1930er Jahre. Es dauerte Jahrzehnte, bis sich sein Wissen auch unter Laien verbreitete.

Anfang der 90er Jahre gab es dann eine Hochkonjunktur. Überall brannten Aromalampen, sogar in Buchhandlungen und Banken. Hier und da konnte man sich vor aufgezwungenen Düften kaum retten. Viele Fehler wurden begangen. Häufig wurde überdosiert, manchmal wurde die Kerze brennen gelassen, obwohl in der Lampenschale kein Wasser mehr vorhanden war, und nicht alle zum Verdunsten gebrachten Öle hatten einen natürlichen Ursprung. Das heißt, sie hatten keinerlei Wirkung, außer intensiv zu riechen.

Im Laufe der Jahre hat sich nun auf der einen Seite ein gewisser Überdruss an Düften ausgebreitet, es ist sogar die leicht absurde Situation entstanden, dass Duftspezialisten ihre Firma »I hate perfumes« nennen, ich hasse Parfums. (Der New Yorker »Raumbedufter« Christopher Brosius verpasst Räumen herbe Düfte nach Seetang, alten Büchern und Rauchtee und sein Logo heißt tatsächlich »I hate perfumes«.)
Andererseits können seriöse Fachleute auf jahrzehntelange Erfahrungen mit ätherischen Ölen zurückblicken und sie berichten darüber Bemerkenswertes.
(Und, na ja, viele der unerwünschten Aromalampen sind buchstäblich verduftet.)
Ein Spezialist mit sehr viel Erfahrung ist der Münchner Dr. Erwin Häringer, der in seiner Allgemeinarztpraxis seit mehr als 30 Jahren neben der Verwendung von konventionellen Methoden und Mitteln Aromatherapie betreibt. Was er an ätherischen Ölen besonders schätzt, ist Folgendes: »Anders als Medikamente aus der Apotheke, die häufig nur einen einzigen Wirkstoff enthalten, besitzen ätherische Öle viele verschiedene Inhaltsstoffe. Daher rührt ihre Fähigkeit, den Menschen ins Gleichgewicht zu bringen. Wir Ärzte sagen, sie stellen eine neurovegetative Mittellage her. Was zu schwach ist, wird angeregt. Was zu stark ist, wird beruhigt. Kümmelöl zum Beispiel entspannt den Darm. Bei zu viel Entspannung kann er aber auch wieder anregen.«
Ein Gewürz, das es Erwin Häringer besonders angetan hat, ist der Kardamom. Nach Tradition der Araber als Extra im Kaffee hilft er Menschen mit einem gereizten Darm, wobei zusätzlich der Kaffee mit den ihm eigenen ätherischen Ölen seine Heilkraft einbringt. So zubereitet, kann das Ge-

tränk sogar Darmkrebs vorbeugen. Kaffee, noch bis vor kurzem bei Leuten mit Hang zum gesunden Leben mit keinem sonderlich guten Ruf bedacht, »ist ziemlich rehabilitiert«, sagt Häringer. Man solle davon natürlich nicht gerade täglich zehn Liter trinken, aber in Maßen genossen, sei er durchaus dem Wohlbefinden zuträglich. Und besonders dann, wenn er gewürzt ist.

▲ *Heilkräftiges »Tetrapack« und eins der teuersten Gewürze: Kardamom*

Als ätherisches Öl hat er Kardamom bei einigen seiner Patienten erfolgreich gegen Erkrankungen der Atemwege und des Darms eingesetzt, auch gegen Depressionen.

Zimt, so sagt er, wurde bei den Römern, bei Hildegard von Bingen und allgemein in der Klostermedizin intensiv als Medikament genutzt. Als er preiswerter wurde, habe er sich bedauerlicherweise mehr und mehr zu einem Küchengewürz entwickelt.

Er schätzt am Zimt besonders, dass er die Leber unterstützt und dass er den Menschen in seine Mitte bringt.

Zimtöl findet er bei Viruserkrankungen, bei Entzündungen und zur körperlich-seelischen Stabilisierung gut.

Häringer ist Kuratoriumsmitglied beim »Forum Essenzia«, einem Verein für Förderung, Schutz und Verbreitung von Aromatherapie. Das »Forum« wurde Anfang der 1990er Jahre als gemeinnütziger Verein gegründet. Mitglieder sind vor allem Pflegepersonal, Ärzte, Apotheker und Heilpraktiker. Es werden dort Ausbildungen und weltweite Kontakte angeboten.

Erwin Häringer fungiert als wissenschaftlicher Berater und Dozent. In dieser Eigenschaft ist er in erstaunliche Projekte involviert, zum Beispiel in die »Beduftung« vom Gang zwischen Terminal I und II am Frankfurter Flughafen. Dafür werden nicht etwa irgendwelche synthetischen Mixturen hergenommen, sondern erstklassige ätherische Öle. Ziel ist unter anderem, die Luft auf diese Weise von Krankheitskeimen zu reinigen sowie den Passagieren ihr Reisefieber und eventuelle Flugangst zu nehmen.

In der dort verwendeten Mischung ist stets auch ätherisches Öl vom Zimt enthalten, denn es wirkt keimtötend und angstlösend. Weitere Zutaten sind Orangenöl (gegen Stress und Angst) und Mandarinenöl (gegen Un-

ruhe, Reizbarkeit und nervöse Anspannung). Diese beiden Fruchtöle wirken zudem genau wie das Zimtöl stark antiseptisch.
Eigentlich ergibt diese Kombination den typischen Weihnachtsduft. Aber der ist am Frankfurter Flughafen nicht wahrzunehmen – kein Wunder. Denn im gesamten Bereich zwischen Terminal I und Terminal II befinden sich 32 000 Kubikmeter Luft, die stündlich umgewälzt werden, also 24-mal am Tag. Für diese unvorstellbare Menge an Luft werden pro Tag nur 20 Tropfen ätherisches Öl genommen. Es handelt sich also um winzige Dosen, welche die menschliche Nase kaum oder wenigstens nicht bewusst wahrnimmt. Ihre Wirkung tun die Öle trotzdem. So viel zum Thema Dosierung. Im Gespräch warnt Häringer immer wieder davor, des Guten zu viel zu tun. In der Aromatherapie sei weniger mehr.

Immer wieder wird behauptet, dass sich eine aromatherapeutische und eine homöopathische Behandlung nicht vertragen, dass durch die ätherischen Öle die Wirkung der homöopathischen Medikamente aufgehoben würde. Erwin Häringers Erfahrungen zufolge trifft das nicht zu. Einzig und allein Kampferöl solle man bei gleichzeitiger Einnahme von Homöopathika meiden.
Für die Wirkung der ätherischen Öle ist aber wichtig, dass sie stets von bester Qualität und absolut naturrein sind.
Vorsicht ist geboten, wenn auf dem Fläschchen »naturidentisch« oder »Essenz« steht. Diese Wörter sind meistens gleichbedeutend mit »künstlich«. Die Bezeichnung, nach der Sie schauen sollten, lautet »100 Prozent ätherisches Öl«. Bei einem extrem starken Öl wie zum Beispiel dem der Zimtrinde darf es auch so heißen: »Zimtrindenöl (Cinnamomum ceylanicum)

30 Prozent in Weizenkeimöl«. Das bedeutet, ein knappes Drittel des im Fläschchen enthaltenen Öls ist Zimtrindenöl, der Rest besteht aus Weizenkeimöl. Da beides völlig natürliche Inhaltsstoffe sind, dürfen Sie dieses Öl bedenkenlos verwenden. Trotz der erheblichen Verdünnung duftet und wirkt es aber extrem stark und kann Hautreizungen hervorrufen. Es empfiehlt sich daher, Zimtrindenöl, auch wenn es verdünnt ist, nur in der Lampe oder zum Putzen zu verwenden. Für Haut und Schleimhäute sollten Sie ausschließlich Zimtblätteröl nehmen.

Zimtöl ist, wie schon erwähnt, nicht gleich Zimtöl. Es gibt drei verschiedene: Zimtblätteröl (Cinnamomum verum oder Cinnamomum ceylanicum), Zimtrindenöl (Cinnamomum verum oder Cinnamomum ceylanicum) und Öl aus Zweigen und Blättern von Kassia (Cinnamomum cassia). Wenn sie sich auch in Duft und Wirkungsweise ähneln, weisen sie dennoch Unterschiede auf. Nur das Zimtblätteröl ist für die Anwendung direkt auf der Haut und an der Mundschleimhaut wirklich zu empfehlen.

Weil ein und dieselbe Pflanze unterschiedliche ätherische Öle liefern kann, ist es in der Praxis wichtig, den richtigen botanischen Namen anzugeben und eventuell auch den Pflanzenteil, der verarbeitet wurde. Das sind zum Beispiel beim Zimt die Blätter beziehungsweise die Rinde. In anderen Fällen handelt es sich um die Fruchtschalen (bei Zitrusfrüchten), Nadeln (bei Nadelbäumen), Knospen (bei der Gewürznelke), Samen (bei

Koriander, Kümmel, Anis) oder auch um die ganze Pflanze (bei Melisse, wilder Kamille, Johanniskraut).

Natürlich spielt für Inhaltsstoffe und Wirkung zusätzlich eine Rolle, wann und wo die Pflanze geerntet wurde, denn Sonnenbestrahlung, Bodenbeschaffenheit und andere Faktoren haben direkten Einfluss.

Für jemanden, der sich genauer mit Aromatherapie beschäftigt, ist zudem hilfreich, die Familien der entsprechenden Pflanzen zu kennen. Zimt und Kassia beispielsweise sind Lorbeergewächse (Lauraceae), ebenso Kampfer, der Lorbeer selbst und einige weniger bekannte Pflanzen, die aber trotzdem in der Aromatherapie eine Rolle spielen.

Fundamental wichtig für die medizinische Wirkung sind die Qualität des jeweiligen ätherischen Öls und seine relative Frische. Generell gilt: Es sollte nicht älter als drei Jahre sein. Das schreibt Eliane Zimmermann in ihrem umfassenden Buch »Aromatherapie für Pflege- und Heilberufe«. Viele Informationen, die in diesem Kapitel vorkommen, sind dem Buch entnommen.

Ätherische Öle werden mit folgenden Methoden hergestellt: durch Kaltpressung (Expression), die nur für die Schalen der Zitrusfrüchte verwendet wird, mit Extraktion (per Lösungsmittel) und mit Wasserdampfdestillation. Das ist die Methode für die drei Zimtöle.

Bei der Wasserdampfdestillation bleiben als Nebenprodukt Hydrolate übrig, herrlich duftende Flüssigkeiten, welche die wasserlöslichen Bestandteile der Pflanze enthalten. Auch sie sind der Gesundheit außerordentlich zuträglich. (Zum Teil sind es andere als die fettlöslichen Bestandteile.) Bekannt ist das Hydrolat der Rose, das Rosenwasser, mit dem man kosmetische Produkte wie Hautcremes herstellt und das man in der Küche verwendet. Marzipan zum Beispiel enthält Rosenwasser.

Zimthydrolat wird in Cremes oder Salben mit reinigender und erwärmender Wirkung verarbeitet, ebenfalls für Anti-Zellulite-Produkte.
Lassen Sie sich in der Apotheke, einem guten Fachgeschäft oder von einem Aromatherapeuten beraten, wenn Sie zur Qualität eines ätherischen Öls oder Hydrolats Informationen benötigen.

Wie wirkt nun eigentlich die Aromatherapie?
Stellen Sie sich vor, Sie betreten einen Raum und nehmen dort den Duft von Zimt wahr, vielleicht vermischt mit dem von Orangen oder Mandarinen. Wahrscheinlich fühlen Sie sich sofort in eine adventliche Stimmung versetzt. Es kann sogar sein, dass tiefe Gefühle aufsteigen – und das alles ohne langes Nachdenken, sondern blitzschnell über die »Duftinformation«.
Genauso läuft es in der Aromatherapie: Über die Nase geht eine Duftinformation direkt ins Gehirn und beeinflusst die Psyche. Wenig später werden der Körper und seine Organe von der chemischen Zusammensetzung des jeweiligen Öls berührt. Weil die Öle eine enorme Konzentration hochwirksamer heilender Substanzen darstellen, gilt die Aromatherapie als eine besonders intensive Variante der Pflanzenheilkunde. Die kontrollierte und bewusste Anwendung von natürlichen ätherischen Ölen ist erfolgreich bei etwa

- 95 Prozent der Infektionen,
- 75 Prozent der psychischen, nervlichen und hormonellen Störungen,
- 50 Prozent der äußerlichen Entzündungen, Hauterkrankungen und Allergien,
- 25 Prozent der Stoffwechselerkrankungen.

So stellt die Aromatherapie eine wirklich nützliche Alternative und Ergänzung zu anderen Behandlungsformen dar. Zudem ist sie überaus angenehm und sinnlich. Und sie fördert bei gefühlsbetonten Menschen, auch bei Kindern, die Heilung noch mal besonders wegen ihres Wohlfühleffektes.

Aber bei bestimmten Ölen treten nicht nur positive, beabsichtigte Wirkungen, sondern auch Nebenwirkungen auf. Einige steigern oder senken den Blutdruck, andere verstärken die Wirkung der ultravioletten Strahlen und können braune Flecken auf der Haut hervorrufen. Die Zimtöle tun das nicht. Dafür können sie aber, wie bereits erwähnt, die Haut reizen. Außerdem können sie, genau wie andere Öle, allergische Reaktionen auslösen.

Wenn Sie testen möchten, ob Sie auf Zimtöl empfindlich oder sogar allergisch reagieren, vermischen Sie einen Tropfen davon mit ein wenig so genanntem fettem Öl (Trägeröl), zum Beispiel Mandelöl. Streichen Sie die Mischung auf die Innenseite Ihres Unterarms und lassen Sie die Stelle zwei Tage lang beim Waschen aus. Wenn sich keine Rötung, keine Blasen oder Ähnliches zeigen, vertragen Sie das Zimtöl. Dieser Test eignet sich auch für Kinder. Bei sensiblen Kindern soll man Zimtöl aber sowieso nicht auf der Haut, sondern nur ganz gering dosiert in der Lampe verduften lassen.

Weil Zimtöle Menstruation und Wehen fördern, sollten sie während der Schwangerschaft entweder gar nicht oder nur unter fachlicher Aufsicht angerührt werden.

Hier nun die wichtigsten Eigenschaften und medizinischen Anwendungsgebiete der drei Zimtöle.

Zimtöl, mit Mandarinenöl kombiniert, verströmt den typischen Weihnachtsduft ▸

Zimtblätteröl, Zimtrindenöl, Kassiaöl

Zimtblätteröl

Zimtblätteröl (Cinnamomum verum) wirkt intensiv gegen Bakterien, Viren, Pilze und Parasiten. Es ist antiinfektiös, stärkt und regt an. Man setzt es vor allem gegen Blasenentzündungen, rheumatische Schmerzen, Eileiterentzündungen, Bronchitis, Nasen-Rachen-Entzündungen, Darmentzündungen, Entzündungen der Mundschleimhaut und Zahnschmerzen ein. Auch Kopfläuse werden damit bekämpft.
Außerdem wirkt es gegen Zellulite.
Im psychischen Bereich hilft es gegen Depressionen, Erschöpfung und innere Kälte.

Zimtrindenöl

Zimtrindenöl (Cinnamomum verum) wirkt intensiv gegen Bakterien, Viren, Pilze und Parasiten, ist antiinfektiös, stärkt, regt an und stimuliert, auch sexuell. Es hemmt die Blutgerinnung leicht, unterstützt die Durchblutung, regt die Menstruation an, löst Wehen aus und stimuliert die Bewegung des Darms. Außerdem wirkt es leicht schmerzlindernd.
Man setzt es vor allem gegen Erkältung, Schüttelfrost, Grippe, Tropeninfektionen und gegen tropisches Fieber ein. Gegen Parasitenbefall, Infektionen des Magen-Darm-Traktes, Verstopfung, Durchfall, Durchblutungsstörungen, Zellulite und Muskelschmerzen, Ausbleiben der Monatsblutung, Impotenz, Frigidität, sexuelle Lustlosigkeit, Niedergeschla-

genheit, Überarbeitung und Erschöpfung. Hebammen verwenden es zur Einleitung überfälliger Geburten.
Zimtrindenöl kann Hautreizungen verursachen. Wenn gleichzeitig limonenhaltige ätherische Öle verwendet werden, puffert dies die Aggressivität des Zimtrindenöls ab. Vorsicht ist dennoch geboten. (Limonen ist ein Inhaltsstoff von Zitrusölen und Kiefernöl. Das Wort wird auf der letzten Silbe betont.)

Kassiaöl

Kassiaöl (Cinnamomum cassia) wirkt stark gegen Bakterien (Breitband), gegen Viren und Pilze, regt an und ist sexuell stimulierend. Es fördert die Durchblutung und löst Wehen aus. Man setzt es vor allem gegen fiebrige Tropenerkrankungen, Blasenentzündungen, Darmentzündungen, Bronchitis, kalte Füße, Impotenz, Frigidität und Depressionen ein. Außerdem ist es Bestandteil von einigen Anti-Zellulite-Produkten. Kassiaöl kann ebenfalls Hautreizungen verursachen, daher sollte man vorsichtig damit umgehen.

Vieles von dem, was hier bei den drei Zimtölen genannt wird, richtet sich an professionelle Aromatherapeuten. Wenn es beispielsweise heißt, mit Zimtblätteröl könne man Kopfläuse bekämpfen, so ist das nicht zu Hause im Alleingang zu machen. Da muss sich ein Profi überlegen, in welcher Verdünnung, womit verdünnt und auf welche Weise das Öl genau angewendet werden soll. Gegen bestimmte Darmbeschwerden und Beschwerden im weiblichen Unterleib werden ätherische Öle in Form von

Zäpfchen (anal und vaginal) eingesetzt. Auch dies ist nichts für Experimente daheim. Die Zäpfchen werden übrigens verschrieben und vom Apotheker mit Kakaobutter und dem entsprechenden Öl hergestellt.
Genauso wenig eignet sich für Laien die Einnahme der Öle. Das sollte nur in Begleitung eines Spezialisten geschehen.
Wenn Sie Ihr Haustier mit Aromatherapie behandeln möchten, empfiehlt sich vorher ein klärendes Gespräch mit dem Tierarzt.
Was jedoch zu Hause bestens funktioniert, ist die Aufnahme ätherischer Öle durch die Nase, also per Duftlampe oder Inhalation (keine Inhalation mit den Zimtölen!), und über die Haut, per Massage, Einreibung, Bad oder Kompresse.
In die Duftlampe passt Zimtöl jedenfalls sehr gut. Es harmoniert beispielsweise mit Zitrusölen und Lavendel und entfaltet in der Lampe seine viren- und bazillentötenden Eigenschaften, auch in sparsamer Dosierung. Sie brauchen das Öl nicht oder nur geringfügig nachzufüllen. Aber achten Sie darauf, dass sich immer genügend Wasser in der Schale befindet. Das Öl darf keinesfalls direkt über der Kerzenflamme verbrennen. Sollte dies doch einmal passieren, lüften Sie den Raum sofort gründlich durch.
Die Duftlampe nur unter Aufsicht brennen lassen.

Mit den folgenden beiden Rezepten können Sie sich die antiinfektiöse Wirkung von Zimtblätteröl im Mundraum zunutze machen:

Mundwasser mit Zimtblätteröl

Dieses Mundwasser begeistert sogar Leute, die mit dem Geschmack von Apfelessig eigentlich nichts am Hut haben. Denn es erfrischt ganz wunderbar.

4 Esslöffel Apfelessig
1–2 Tropfen Zimtblätteröl

In einen Zahnputzbecher einen guten Schuss Apfelessig aus dem Naturkostladen oder Reformhaus geben. Die Menge sollte etwa vier Esslöffel betragen. Einen oder zwei Tropfen Zimtblätteröl dazuträufeln und gründlich umrühren. Der Essig wirkt als Emulgator und verbindet Öl und Wasser. Lauwarmes Wasser dazugeben, den Mund gründlich damit ausspülen und gurgeln – herrlich!

Zimtblätteröl gegen Zahnschmerzen

Wattebausch/Papiertaschentuch
1–2 Tropfen Zimtblätteröl

Anwenden, wenn Sie eine entzündete Stelle im Mund haben, die Sie desinfizieren und zur Heilung anregen möchten. Oder hernehmen, wenn ein Zahn schmerzt und Sie einen gewissen Zeitraum bis zum Arztbesuch überbrücken möchten.

Gründlich die Hände waschen. Einen kleinen Wattebausch nehmen oder ein Stückchen von einem Papiertaschentuch abschneiden. Watte oder Zellstoff mit ein oder zwei Tropfen Zimtblätteröl tränken und diese Minikompresse im Mund direkt auf die schmerzende Stelle legen. Mit dem Finger oder mit einem Wattestäbchen fest andrücken, und zwar möglichst lange. Sie werden spüren, dass der Schmerz umgehend gelindert wird. Der Geschmack vom Zimtblätteröl ist sehr angenehm.

Mehrfach war schon die Rede davon, dass Zimt gegen Zellulite hilft, die leidige Orangenhaut. Hier sind zwei Rezepte, mit denen man ihr im wahrsten Sinne des Wortes zu Leibe rücken kann.

Hautöl gegen Zellulite

3–4 Esslöffel Trägeröl, zum Beispiel Mandelöl
3 Kapseln mit naturreinem, pflanzlichem Vitamin E
3–4 Tropfen Zimtblätteröl

Dieses Hautöl vor jeder Anwendung neu anrühren, denn es hält nicht lange.
Etwa drei bis vier Esslöffel Trägeröl, zum Beispiel Mandelöl, in ein Schälchen geben. In der Apotheke oder Drogerie naturreines, pflanzliches Vitamin E in Kapseln besorgen. Drei Kapseln mit einer Nagelschere öffnen und den Inhalt in das Mandelöl pressen. Drei bis vier Tropfen Zimtöl dazugeben und die drei Öle gründlich miteinander verrühren. (Mit Zimtblätteröl sind Sie auf der sicheren Seite. Sie können aber auch versuchen,

ob Sie Zimtrindenöl oder Kassiaöl auf der Haut vertragen, denn beide wirken ebenfalls sehr effektiv gegen Zellulite.)
Ihre Problemzonen nun kräftig mit dieser Mixtur massieren und mindestens eine halbe Stunde lang einwirken lassen. Es darf auch durchaus länger sein. Danach alles abduschen. Sie sollten die Behandlung über einen längeren Zeitraum regelmäßig durchführen, mindestens zweimal in der Woche. Besonders gut wirkt sie, wenn Sie außerdem auf Ihre Ernährung achten, viel Wasser trinken, Sport treiben und die Sauna besuchen.

Hautcreme gegen Zellulite

Bei diesem Rezept verwenden Sie statt des Öls eine einfache Hautcreme, eine so genannte Wasser-in-Öl-Emulsion. Darin sind Wasser und Öl schon miteinander verbunden. Die Wirkstoffe vom Vitamin C, das nicht öl-, sondern wasserlöslich ist, können sich darin entfalten. Das Vitamin feuert die Kraft des Zimtöls gegen Zellulite noch an und es strafft die Haut. Wieder sind Sie mit Zimtblätteröl auf der sicheren Seite. Sie dürfen aber vorsichtig ausprobieren, ob Sie Zimtrinden- und Kassiaöl vertragen.

1 Esslöffel Hautcreme, vorzugsweise auf rein pflanzlicher Basis, also ohne Inhaltsstoffe auf der Basis von Mineralöl
½ Teelöffel Vitamin-C-Pulver
2–3 Tropfen Zimtblätteröl
eventuell Plastikfolie

Etwa einen halben Teelöffel voll Vitamin-C-Pulver aus der Apotheke mit einigen Tropfen Wasser vermengen. So viel Creme in ein Schälchen geben, wie Sie zur Behandlung Ihrer Problemzonen brauchen, also schätzungsweise zwei Esslöffel voll. Der Creme zwei bis drei Tropfen Zimtblätteröl und das Vitamin C hinzufügen und alles gründlich verrühren. Die Creme in Ihre Oberschenkel einmassieren und mindestens eine halbe Stunde lang, besser länger, einwirken lassen. Zur Verstärkung des Effekts dürfen die Beine zusätzlich in eine Plastikfolie gewickelt werden. Wenn die Einwirkungszeit vorbei ist, ein Duschbad nehmen.
Auch hier gilt: Halten Sie an der Behandlung über einen längeren Zeitraum fest und führen Sie sie mindestens zweimal wöchentlich durch. Verbessert wird das Ergebnis, wenn Sie viel Wasser trinken, auf Ihre Ernährung achten, Sport treiben und die Sauna besuchen.

Für die Aufnahme über die Haut bietet sich auch eine Massage mit Zimtöl an. Hände und Füße können Sie sich selbst vornehmen. Andere Körperteile wie Nacken und Rücken dürfen Sie sich von einem Partner oder einer Partnerin massieren lassen. Kinder machen das manchmal sehr gern. Verwenden Sie für eine Aromamassage kein Trägeröl auf mineralischer Grundlage, sondern nur reines Pflanzenöl, zum Beispiel Mandelöl, Aprikosenkernöl oder Jojobaöl. Die sind in der Apotheke erhältlich.
Eliane Zimmermann gibt in ihrem Buch wertvolle Informationen über die wichtigsten und empfehlenswertesten Trägeröle.
Man sollte diese Öle nur in geringen Mengen kaufen, denn sie halten sich nicht lange und es kann passieren, dass Kleidung, Betttücher und Handtücher schnell ranzig riechen. Trotzdem sind sie den haltbaren Mineral-

ölen wie Paraffinöl und Vaseline vorzuziehen, denn Mineralöle sind tote Produkte. Sie decken die Haut wie eine Kunststoffplane ab und behindern ihre Atmung. In Ausnahmefällen kann dieser Effekt zwar erwünscht sein, zum Beispiel bei Kälte und Nässe. Bei einer Aromamassage soll die Haut jedoch genährt werden und dafür ist nur ein lebendiges Naturprodukt wirklich geeignet.

Normalerweise stellt man für eine solche Massage eine dreiprozentige Mischung her. Da ein Milliliter ätherisches Öl etwa 20 Tropfen entspricht, nimmt man also sechs Tropfen ätherisches Öl auf 10 Milliliter Trägeröl. Für eine Fußmassage darf die Dosierung etwas höher sein, denn die Haut an den Füßen ist relativ unempfindlich.

Massagen mit Zimtblätteröl sind besonders hilfreich und angenehm bei folgenden Beschwerden: Frösteln, kalten Füßen, Erkältung, Muskel-

▲ *Mit ätherischem Öl vom Zimt die Haut verwöhnen*

schmerzen, rheumatischen Schmerzen, Durchblutungsstörungen, Impotenz, Frigidität, Depressionen, Überarbeitung, Erschöpfung und Niedergeschlagenheit. Weil das Öl ein Aphrodisiakum ist, gelingen erotische Massagen besonders gut.

Von Ruth von Braunschweig, einer Aromatherapeutin, die im Forum Essenzia engagiert ist, stammt das folgende Rezept für ein Massageöl. Sie schreibt, dass Zimtblätteröl in Massageölen besonders dann seine Heilkräfte entfaltet, wenn es mit anderen Ölen kombiniert wird.[17] Und dass es besonders gut bei introvertierten, fröstelnden und ängstlichen Menschen wirkt. Das Öl hat geholfen, wenn jemand von großem Kummer geplagt war, sich entwurzelt fühlte oder sich mit Trauer auseinander setzen musste.

Massageöl mit Zimtblätteröl

4 Tropfen Zimtblätteröl
4 Tropfen Nelkenöl
8 Tropfen Mandarinenöl
50 Milliliter Macadamianussöl

Alle Zutaten vermischen und zum Massieren verwenden.

Für zarte, empfindliche Haut und Gesichtshaut gibt es diese Variante:

Massageöl mit Zimtblätteröl für zarte Haut

1 Tropfen Zimtblätteröl
1 Tropfen Nelkenöl
3 Tropfen Lavendelöl
4 Tropfen Mandarinenöl
50 Milliliter Macadamianussöl

Alle Zutaten vermischen, sanft einmassieren und im Gesicht damit besonders die Falten glatt streichen. Weil diese Mixtur sehr beruhigend und entspannend auf die Seele wirkt, kann es tatsächlich sein, dass sich Falten glätten.

Massageöl mit Zimtblätteröl, verschiedene Variationen

10 Milliliter Trägeröl (z. B. Mandelöl)
6 Tropfen Zimtblätteröl
(eventuell davon zwei Tropfen andere Öle)

Um es sich oder jemand anderem gut gehen zu lassen, können Sie einfach zehn Milliliter Trägeröl mit sechs Tropfen Zimtblätteröl anreichern und damit massieren. Sie können aber auch zwei der sechs Tropfen durch ein anderes ätherisches Öl ersetzen. Suchen Sie in der Gewürz-Liste im vorigen Kapitel ein Öl aus, dessen Wirkungsweise Sie anspricht. Oder kombinieren Sie mit einem Zitrus- oder Blütenöl. Ihrer Fantasie und Ihrem Geschmack sind bei solchen Kombinationen keine Grenzen gesetzt.

Wärmende Hand- und Fußcreme

Wenn Sie sich mal so richtig verwöhnen möchten, kaufen Sie eine Hand- oder Fußcreme von hervorragender Qualität. Übrigens dürfen Sie ohne Bedenken eine Fußcreme für die Hände, eine Handcreme für die Füße verwenden. Die Hautbeschaffenheit ähnelt sich.

Gute Hand- oder Fußcreme
1 Tropfen Zimtblätteröl

Der Tube, der Flasche oder dem Topf die Menge Creme entnehmen, die für einmal Eincremen gebraucht wird. Mit einem kleinen Spatel oder einem heiß abgewaschenen Stiel oder Löffelchen vom Speiseeis auf ein sauberes Tellerchen geben. Einen Tropfen Zimtblätteröl hinzufügen und es mithilfe des Spatels mit der Creme vermischen.
Ein heißes Fußbad nehmen, das mit Zimtblätteröl angereichert sein kann. Die Füße nach etwa 15 Minuten kurz kalt abspülen und ganz trocken frottieren, auch zwischen den Zehen. Mit der Zimtcreme gründlich einreiben und massieren. Einen Moment warten, bis sie einwirkt. Dann Baumwollsocken anziehen, darüber ein paar dicke Wollsocken. So ins Bett gehen. Wenn diese Anwendung tagsüber gemacht wird, dafür sorgen, dass die Füße erst mal nicht wieder auskühlen. Dabei helfen wird auf jeden Fall das ätherische Öl vom Zimt.

Sollen kalte Hände behandelt werden, diese in warmem bis heißem Wasser so lange waschen, bis sie durch und durch aufgewärmt sind – unter fließendem Wasser oder im halb gefüllten Waschbecken. Gründlich abtrocknen, auch zwischen den Fingern. Die Hände gründlich eincremen, dabei massieren und abwarten, bis die Creme einzieht. Wenn danach Bettruhe vorgesehen ist, kann die Creme besonders großzügig aufgetragen werden, denn es können anschließend Baumwollhandschuhe übergezogen werden, die speziell zur Handpflege gedacht sind. Man erhält sie für 6 oder 7 Euro pro Paar in der Apotheke. Nach ein, zwei Anwendungen kann man sie, genau wie übrigens die Baumwollsocken, in der Maschine waschen, sogar kochen.

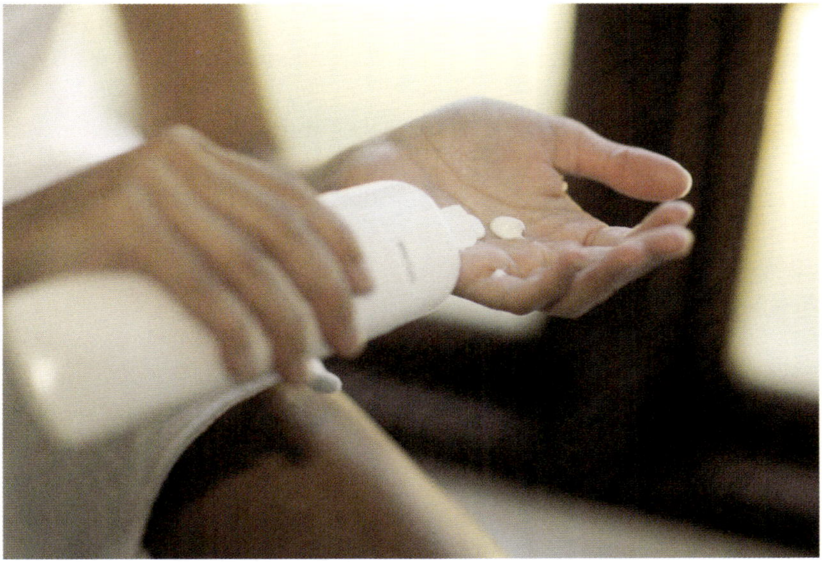

▲ *Zimtcreme für die Hände – eine duftende Wohltat*

Wärmende Körperlotion

Die gleiche Idee können Sie für eine Ganzkörper-Behandlung verwirklichen.

Eine gute, möglichst wenig parfümierte Körperlotion
1–2 Tropfen Zimtblätteröl

Eine passende Menge der Körperlotion auf ein Tellerchen geben, mit einem oder zwei Tropfen Zimtblätteröl vermengen und den Körper nach dem Waschen, Duschen oder Baden damit eincremen. Die Lotion wärmt und verleiht ein angenehmes Gefühl. Außerdem duftet sie im wahrsten Sinne des Wortes lecker.
Natürlich lassen sich Creme und Lotion auch mit anderen ätherischen Gewürzölen aufwerten. Zum Beispiel mit Zitronengrasöl, das besonders erfrischend und desodorierend wirkt, oder mit Fenchelöl, das die Haut strafft.

Aromabad

3–4 Tropfen ätherisches Öl
(Zimtblätteröl und anderes Gewürzöl)
Essig, Salz, Honig oder Sahne zum Emulgieren

Sie können ein Wannenbad zum Aromabad werden lassen, indem Sie eine Emulsion aus einem oder mehreren Ölen und Essig, Salz, Honig oder Sahne zubereiten. Für ein Bad reichen 3 bis 4 Tropfen ätherisches Öl, zum Beispiel 2 Tropfen Zimtblätteröl und 2 Tropfen eines anderen Gewürzöls. Lassen Sie heißes Wasser über die Emulsion fließen und verwenden Sie gleichzeitig keine anderen Badezusätze (zum Thema Emulsion s. S. 158/159).

Ein solches Aromabad ist eine Wohltat für Leib und Seele. Dabei macht es überhaupt keine Mühe und es kostet nicht mehr als ein paar Cent.

▲ *Wohltat für Leib und Seele – ein heißes Wannenbad*

Putzen mit Zimtblätter- oder Zimtrindenöl

Hier ein weiteres interessantes Projekt, an dem Dr. Häringer mitgewirkt hat: Im Krankenhaus Neuperlach in München setzt man dem Putzwasser für die Böden ätherisches Öl zu – Zimtöl! –, um die Keime, von denen es im Krankenhaus bekanntlich mehr als genug gibt, im Zaum zu halten. Außerdem enthält dieses Putzwasser Lavendelöl beziehungsweise das preiswertere Lavandin, damit die Patienten keine oder nur wenige Schlafmittel brauchen. Lavendel und Lavandin beruhigen nämlich, und sie fördern den Schlaf.
Lavendel und Zimt harmonieren als Düfte ausgezeichnet. Doch auch im Neuperlacher Krankenhaus merkt man davon kaum etwas, denn genau wie am Flughafen in Frankfurt wird sehr sparsam dosiert.
In Kliniken auf den Britischen Inseln ist das Putzen mit ätherischen Ölen übrigens gang und gäbe.
So können Sie es zu Hause nachmachen:

Knapp eine halbe Tasse Apfelessig
2 Tropfen Zimtblätter- oder Zimtrindenöl
2 Tropfen Lavendelöl oder Lavandin

Eine Tasse etwa zur Hälfte mit Apfelessig füllen, zwei Tropfen Zimtblätter- oder Zimtrindenöl dazugeben und so lange umrühren, bis sich beide Flüssigkeiten miteinander verbunden haben. Zwei Tropfen Lavendelöl oder Lavandin können noch hinzugefügt werden. So wird zusätzlich ein beruhigender Effekt erzielt.

Die Essig-Öl-Mixtur in einen halben Eimer lauwarmes Wasser geben und damit wie gewohnt putzen. Dem Wasser kein weiteres Putzmittel beifügen. Der Essig ist ein kraftvoller Schmutz- und Kalklöser, die Öle wirken keimtötend – mehr braucht es nicht.

Wenn direkt nach der Reinigungsaktion der Raum nach Essig riecht, einfach ein wenig abwarten. Der Geruch verfliegt nach kurzer Zeit. Am Ende hängt vielleicht ein leichter Hauch von Zimt in der Luft, wenn überhaupt …

Dieses Rezept eignet sich bestens zum Putzen von Böden, Kacheln und anderen glatten Flächen in Krankenzimmern, Kinderzimmern, Küchen und Bädern. Mit der Mixtur wird die Ausbreitung von Keimen unterbunden, sie ist dabei aber außerordentlich umweltverträglich. Außerdem fügen die Inhaltsstoffe dem Körper keinen Schaden zu, was bei herkömmlichen Putzmitteln aus der Drogerie oder dem Supermarkt leider häufig der Fall ist. Das Rezept empfiehlt sich auch dann besonders, wenn Sie Haustiere haben und einerseits auf Hygiene Wert legen, andererseits aber Ihren Tieren keine chemischen Putzmittel zumuten möchten.

Der Essig im Wasser wirkt als Emulgator. Ohne ihn würde das Öl auf der Oberfläche schwimmen wie Fettaugen auf der Suppe. Ein Emulgator macht, dass sich Wasser und Fett miteinander verbinden. Neben Essig sind Emulgatoren, die in der Aromatherapie gern verwendet werden, Honig (einfach das Öl intensiv mit einer kleinen Menge flüssigem Honig verrühren), Sahne (ebenfalls Öl und Sahne verrühren), und Salz (Öl und Salz entweder vermörsern oder das Öl in eine Hand voll Salz tropfen und mit

den Fingern der anderen Hand intensiv zerdrücken und »vermantschen«). Für ein Aromabad in der Badewanne sind all diese Emulgatoren geeignet. Wer allerdings den Geruch von Essig nicht mag oder wem die Idee nicht behagt, Sahne an Haut und Haare zu bekommen, der muss sich auf Salz oder Honig beschränken.
Vielleicht liest sich der Begriff »emulgieren« fremd und kompliziert. Der Vorgang ist aber denkbar einfach. Man muss es nur einmal gemacht haben, dann ist es kinderleicht.

Insekten vertreiben

Um Insekten zu vertreiben, können Sie in Räumen und auf der Terrasse eine Duftlampe mit folgender Mischung brennen haben:

1 Tropfen Zimtblätter-, Zimtrinden- oder Kassiaöl
2 Tropfen Nelkenöl
2–3 Tropfen Zitronengrasöl

Die gleiche Mischung kann übrigens auch einem Massageöl/einer Körpermilch hinzugefügt werden. (Die angegebenen fünf bis sechs Tropfen beziehen sich auf rund 10 Milliliter Trägeröl oder Körpermilch.) Wenn man sich abends damit einreibt, ist man die Nacht über vor Plagegeistern geschützt.

Wäsche einen guten Duft verleihen

Manchmal verliert Kleidung und Wäsche aus Baumwolle über die Zeit ihre Frische. Oder es war jemand im Hause krank und Sie möchten Bett- und Nachtwäsche wieder tiptop haben. Eine ganz einfache und preiswerte Methode, hygienische Frische einzuladen, ist diese:

Eine Hand voll Salz
1–2 Tropfen ätherisches Öl, z.B. Zimtrinden-, Zimtblätter-, Kassiaöl, nach Belieben noch 1 Tropfen eines anderen ätherischen Öls, z. B. von Orangen, Mandarinen, Lavendel, Zitronengras …

Das Salz in einen kleinen Mörser geben. Das Öl darauf träufeln und beides vermörsern, bis es sich verbunden hat. Statt einen Mörser zu benutzen, kann auch Salz und Öl in der Hand miteinander vermischt werden. Das Salz wirkt als Emulgator. Außerdem tut es der Wäsche gut.
Trennen Sie sie nach Farben, damit es keine unangenehmen Überraschungen mit auslaufender Farbe gibt.
Die Wäsche in die Trommel geben und eine möglichst hohe Waschtemperatur einstellen. Wenn das Wasser einläuft, die gewohnte Menge an Waschmittel plus die Salz-Öl-Mischung einfüllen. Dann die Wäsche wie gewohnt waschen, aufhängen und trocknen.
Sie strömt einen ganz leichten Duft aus und wirkt »wie neu«.
Heißes Bügeln hat übrigens den Nebeneffekt, Kleidung und Wäsche perfekt zu desinfizieren. Wenn daher alles zusätzlich gebügelt wird, wird ein weiterer positiver Effekt erzielt.

▲ *Frauen in Indien, schön anzusehen in festlichen, frisch gewaschenen Kleidern*

Räuchern mit Zimt

Beim Stichwort »Räuchern« denkt man erst mal an geräucherte Makrelen, an Schinken und Würste. Tatsächlich war das Räuchern in früheren Zeiten eine wichtige Methode, Lebensmittel haltbar zu machen. Heute bedienen wir uns einfacherer Mittel zur Konservierung, aber beim Duft und Geschmack von Geräuchertem läuft vielen Menschen trotzdem noch das Wasser im Munde zusammen.
Früher war Räuchern auch in anderen Zusammenhängen wichtig, nicht nur bei Nahrungsmitteln. So räucherte man zum Beispiel, um in einem Raum eine feierliche Stimmung zu erzeugen, so, wie das bis heute in fernöstlichen Kulturen mit Räucherstäbchen getan wird. Dort ist, anders als bei uns, die Räucherkultur nie in Vergessenheit geraten.
In Japan verwendet man bei der Herstellung von Räucherstäbchen praktisch immer Zimt. Wer einmal eins ausprobiert hat, weiß, wie herrlich sich das Gewürz in diesem Zusammenhang macht. Aber auch ohne Stäbchen, einfach so verräuchert, verströmt Zimt einen geradezu berauschenden Duft.
Die Ursprünge des Räucherns liegen weit zurück, in einer Zeit, in der die Menschen lernten, mit dem Feuer umzugehen. Abends saßen sie um ein Feuer, das wilde Tiere abschreckte, das wärmte, das ein schönes Licht verbreitete und dazu anregte, Geschichten zu erzählen. Auf heißen Steinen ließen sie je nach der Gegend, in der sie lebten, lokale Pflanzen wie Wacholder, Salbei, Lorbeer, Lavendel, Eukalyptus, Gewürznelken oder Zimt verglimmen. Durch das Erhitzen wurden die darin enthaltenen aromatischen Öle frei und verwandelten sich in duftenden Rauch.

Unser Wort »Parfum« geht genau darauf zurück. Es lässt sich vom italienischen »perfumare« (durchduften) herleiten, das wiederum vom lateinischen »fumare« (rauchen) kommt.

Das Räuchern ist die Wurzel der heutigen Aromatherapie. Lange bevor ätherische Öle zur Verfügung standen, das war bei uns erst ab dem 11. Jahrhundert, hat man Räume, Kleidung und sich selbst mit Räucherwerk beduftet.

Weil viele der aromatischen Pflanzenstoffe eine keimtötende Wirkung haben und einen Raum desinfizieren können, hat man früher Krankenzimmer und Ställe im wahrsten Sinne des Wortes ausgeräuchert. Heute be-

▲ *Räucherexpertin Marlis Bader bei einem Seminar in der »Blumenschule«*

herrscht diese Kunst die Räucherexpertin Marlis Bader. Wobei es ihr weniger um die Desinfektion geht als um eine energetische Reinigung und darum, in Häusern und Wohnungen eine angenehme Atmosphäre (wieder) herzustellen. Informationen dazu gibt es im Adressenteil.
Räuchern hat nicht nur eine starke Wirkung auf den Körper, sondern auch auf die Seele. Die Aromastoffe enthalten psychoaktive Substanzen, welche über die Nase aufgenommen und an das Gehirn weitergeleitet werden. Dort beeinflussen sie wichtige Schaltzentren wie das vegetative Nervensystem und steuern das seelische und körperliche Wohlbefinden. So war bei unseren Vorfahren das Räuchern Bestandteil von Ritualen, die bei gefühlsbetonten Ereignissen zelebriert wurden, zum Beispiel Geburt, Hochzeit, Umzug und Tod. Als Relikt davon hat sich der Weihrauch bei Beerdigungen, Hochämtern und Prozessionen in der katholischen und orthodoxen Kirche erhalten.
Lagerfeuer haben bei uns eher Seltenheitswert. Aber im Sommer wird gern gegrillt. Dabei kann man die alte Kunst des Räucherns wieder aufleben lassen, wenn alle gut gegessen haben, die Kohle aber noch glüht. Legen Sie einige getrocknete Pflanzen, Pflanzenteile, Gewürze auf ein Stück Aluminiumfolie, die Sie auf der glühenden Kohle platzieren, und lassen Sie sie langsam verglimmen. Räuchern Sie in kleinen Portionen, indem Sie immer wieder nachlegen. So können Sie Duft und Atmosphäre länger und auf sensiblere Weise genießen, als wenn das Räuchergut mehr oder weniger auf einmal verpufft. Geeignet sind Beifuß, Wacholderbeeren, Lavendel, Lorbeerblätter, Salbei, Anis, Sternanis, Gewürznelken und Zimt. Die letzten beiden Zutaten verströmen nicht nur ein tolles Aroma, sondern sie vertreiben zusätzlich auch noch Insekten.

Mit so einer kleinen Improvisation bei Ihrer Grillparty machen Sie möglicherweise die Erfahrung, dass alle begeistert sind. Und Sie möchten wissen, wie es »richtig« geht:

$^{1}/_{2}$ Teelöffel Zimtstange, ganz klein zerbröckelt oder vermörsert
1 Stückchen Räucherkohle
1 Tasse oder kleine Schüssel, mit Sand gefüllt
Streichhölzer

In der Apotheke, in einem Fachgeschäft für Kräuter und Tee oder in einer Spezialbuchhandlung ein Päckchen Räucherkohle kaufen. In eine Tasse oder kleine Schüssel Sand füllen, zum Beispiel Vogelkäfig-Sand aus der Tierhandlung. Ein Stück Räucherkohle darauf legen und es mit einem Streichholz entzünden.
Einige Minuten abwarten, bis es weiß glüht.
Dann eine kleine Menge von dem Zimt darauf geben. Dafür kann ein Messer genommen werden. Immer wieder eine Messerspitze von dem Zimt auf die Kohle geben und den aufsteigenden duftenden Rauch genießen. Er kann mit der Hand, mit einem Fächer oder einer großen Feder verwedelt werden. Das Gefäß darf am Platz stehen bleiben, kann aber auch herumgetragen werden.

In ihrem schönen, umfassenden Buch »Botschaft an den Himmel« gibt die Aromatherapie-Expertin Susanne Fischer-Rizzi die interessantesten und detailliertesten Informationen über das Räuchern. Dabei geht sie auf alle wichtigen Räucherpflanzen ein, auch auf den Zimt.

Ihn und Kassia, so schreibt sie, sollte man möglichst frisch vermörsert verräuchern. Er ist keimtötend und insektenvertreibend. Auf die Seele wirkt er entspannend, angstlösend, schlaffördernd und allgemein beruhigend. Dabei öffnet er das Herz, erwärmt und weckt den erotischen Appetit. Für süße, schwere, orientalisch angehauchte Räuchermischungen passt er sehr gut mit Sandelholz, Anis und Sternanis zusammen.

In Japan nennt man Riechen »dem Duft lauschen«. Das Räuchern heißt »Koh«. Ein Zen-Priester aus dem 16. Jahrhundert fasst die vielfältigen Tugenden des Koh folgendermaßen zusammen:

- Räuchern öffnet für das Transzendentale.
- Es reinigt den Geist.
- Es klärt den Geist von weltlichen Verblendungen.
- Es macht achtsam.
- Es ist ein Freund und Begleiter in Zeiten der Einsamkeit.
- Es bringt Frieden und Besinnung in einen hektischen Alltag.
- Es verliert nicht an Wert, selbst wenn man es häufig praktiziert.
- Auch mit nur wenig Räucherwerk erfährt man Zufriedenheit.
- Räucherwerk verliert auch bei langem Lagern nicht seine Wirkung.
- Das Räuchern schadet nicht, auch nicht bei täglichem Gebrauch.

Tatsächlich ist das Räuchern einfach zu verwirklichen und es macht Menschen jeden Alters Freude, besonders Kindern. Im Zusammenhang mit Zimt, dem idealen Räuchergewürz, sollte dieses Thema auf jeden Fall angesprochen werden.

Was Füßen gut tut

Um gut zu Fuß zu sein, müssen Sie gut zu Ihren Füßen sein. Die sind nämlich wirklich etwas ganz Besonderes. Wussten Sie, dass das menschliche Fußgewölbe in der gesamten Schöpfung einmalig ist? Es ermöglicht uns unseren aufrechten Gang und macht uns daher zum einzigen Lebewesen, das eine direkte und gerade Verbindung zwischen Himmel und Erde herstellt.
Auch sonst ist der menschliche Fuß ein wahres Wunderwerk. Er besteht aus der erstaunlichen Anzahl von 26 Knochen, die perfekt aufeinander abgestimmt sind und zusammenspielen – wohlgemerkt, ein einziger Fuß hat so viele Knochen, nicht beide zusammen!
Wenn aus irgendeinem Grund mit diesen Knochen etwas nicht in Ordnung ist, tut häufig nicht nur der Fuß weh. Die veränderte Statik kann sich auf die Knie und sogar auf die gesamte Wirbelsäule übertragen, bis hin zum Kopf. Manche Kopfschmerzen, für die keine Ursache gefunden wird, haben in Wirklichkeit damit zu tun, dass mit den Füßen der betreffenden Person etwas nicht stimmt.
Häufig wenden wir uns erst dann unseren Füßen zu, wenn sie nicht mehr so funktionieren, wie wir es uns wünschen. Wenn es zum Beispiel weh tut, »gut zu Fuß zu sein« und »mit beiden Füßen fest auf der Erde zu stehen«. Oder wenn es beim Ausziehen von Schuhen und Strümpfen peinlich wird, weil sich ein nicht sehr angenehmer Geruch breit macht und weil Nagel- oder Fußpilz nun wirklich nicht ästhetisch aussehen. Natürlich bietet sich immer die Ausrede an, man habe sich den Pilz beim Sport oder im Schwimmbad geholt. Aber wer über ausrei-

chend Widerstandskräfte verfügt, der fängt sich keinen Pilz ein. Bei Fußschweiß halten häufig die Turnschuhe als Ausrede her, die man so gern trägt. Wer jedoch seine Schuhe pflegt und lüftet und immer wieder wechselt, wer zudem auf Hygiene achtet, der hält auch seinen Schweiß im Zaum.

Beide Probleme, Pilz und Schweiß, zeugen von geschwächten Abwehrkräften. Dagegen kann man von innen her mit Entgiftung, zum Beispiel durch Fasten, und mit einer Umstellung auf vollwertige Ernährung angehen. Und mit dem verstärkten Verzehr von Zimt, der die Ausscheidung von Schlacken fördert, welche von einer Übersäuerung des Körpers herrühren und die Abwehr schwächen.

Übrigens leiden Diabetiker sehr häufig an Fußproblemen.

Einmal täglich sollte man seine Füße waschen, entweder während des Duschens beziehungsweise Badens oder separat. Wer wegen angegriffener Haut keine Seife verwenden möchte, kann stattdessen das Wasser mit etwas vollwertigem Salz oder mit Natron (basischem Salz) anreichern. Beides reinigt und desinfiziert genauso gut wie Seife.

Was Füßen sonst noch gut tut:

- Massagen mit einer Bürste, einem Luffa-Schwamm oder einem kleinen, genoppten Kunststoff-Bällchen
- Barfußlaufen, vorzugsweise auf Rasen oder Sand
- Die Füße beim Ausruhen hochlegen

Menschen mit der Neigung zu Fußschweiß und -pilz sollten möglichst nur Strümpfe aus Naturfasern tragen, also aus Wolle, Baumwolle, echter

Seide oder Mischungen davon. Das Gleiche gilt für Schuhe. Synthetische Materialien empfehlen sich nicht. Naturstoffe wie Leder, Sisal, Bast oder Baumwollstoff lassen die Haut atmen und fördern so die Belüftung und die Gesundheit. Falls sich Schuhe aus synthetischem Material aus irgendwelchen Gründen nicht umgehen lassen, gibt es einen guten Tipp: etwas Zimtpulver hineinstreuen. Auf diese Art haben die Füße weniger zu leiden.

Mit dieser traditionellen Praxis hat eine Erfindung zu tun, die seit kurzem einen regelrechten Siegeszug angetreten hat:

Zimtsohlen

Zimtsohlen sind Einlegesohlen für Schuhe, die aus einer Schicht Baumwollsatin und einer Schicht grob gewebter Baumwolle bestehen. In der Stepperei dazwischen befinden sich pro Sohle etwa 35 Gramm erstklassiger Ceylonzimt, der beim Gehen in winzigen Portionen an die Füße gelangt. So kann er gegen zu heiße, zu kalte, müde oder kranke Füße wirken und dem gesamten Körper gut tun. Zum Beispiel kann er Fuß- oder Nagelpilz unterbinden, sogar wenn sich in den Schuhen so genannte Nester gebildet haben, die sonst eine dauerhafte Heilung verhindern. Das regelmäßige Einlegen von Zimtsohlen lässt solche Nester gar nicht erst entstehen oder merzt sie aus.

Wo Zimt ist, haben Pilze keine Chance. Das wussten schon unsere Großmütter, als sie auf die angebrochene Marmelade Zimt streuten, um Schimmelpilze im Keim zu ersticken.

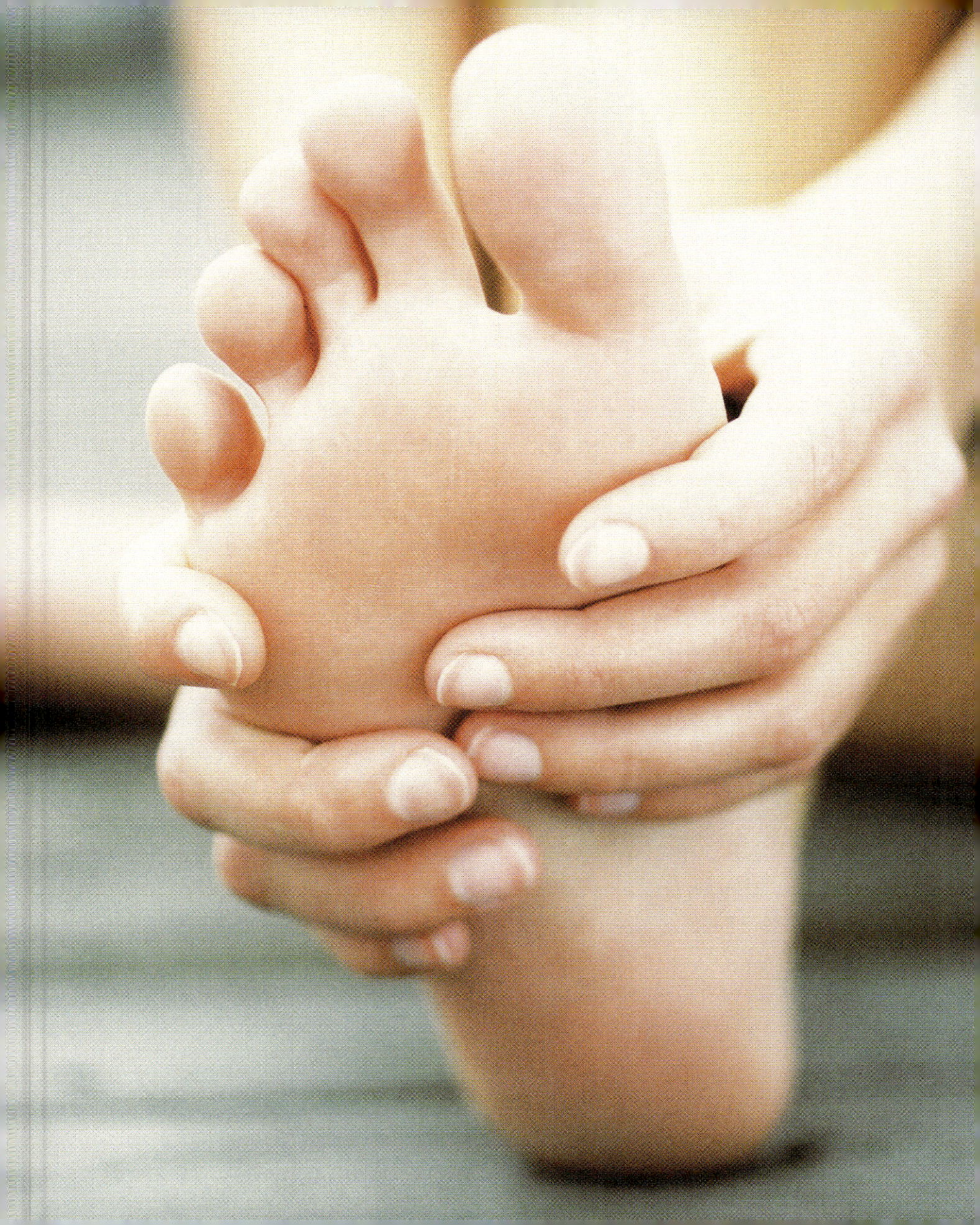

Seit einiger Zeit werden Strümpfe und andere Textilien aus Material angeboten, in das bestimmte Substanzen eingebaut wurden, welche die Bildung von Körpergeruch verhindern. Das liest sich auf den ersten Blick gut. Aber solche Textilien können regelrecht gefährlich sein, denn sie unterbinden bestimmte Körperfunktionen. Zimtsohlen sind etwas ganz anderes. Sie wirken nicht gegen natürliche Abläufe, sondern stellen sich auf sie ein. Deswegen habe sie einen harmonisierenden, ausgleichenden Effekt und können sogar zu einer vollständigen Heilung führen.

Die Zimtsohlen sollten mit der Satin-Seite nach oben in die Schuhe gelegt werden. Man sollte darauf achten, dass genügend Spielraum bleibt, damit man sich durch die Sohlen nicht eingeengt fühlt. Wenn man nun darauf geht, nimmt man kontinuierlich kleine Mengen des Gewürzes auf. Es gelangt durch die Strümpfe an die Haut der Füße.

Haut ist ja bekanntlich halbdurchlässig. Das heißt, sie sondert Schweiß ab, kann aber auch aufnehmen. Diese Aufnahme ist behutsamer und sensibler als über den Magen. Aus dem Grund werden manche Medikamente als Pflaster verabreicht. Im Fall der Sohlen ist der Zimt nun das naturheilkundliche Medikament, das in kleinen Mengen durch die Haut in den Körper gelangt. Dies funktioniert deswegen so gut, weil Blut und Lymphe an den Füßen besonders stark zirkulieren. So kann der Zimt unter anderem Folgendes tun:

- den gesamten Organismus erwärmen
- ihn entsäuern, entgiften, kräftigen
- das Blut reinigen
- die Immunabwehr stärken
- gegen Diabetes II wirken

Neben seiner allgemein positiven Wirkung auf den Körper entfaltet er jedoch seine Heilkräfte vor allem im Hinblick auf die Füße. Er wirkt dort gezielt gegen Fußpilz, Nagelpilz, Dornwarzen, schmerzende Hornhaut, schlechten Geruch und mangelnde Durchblutung. Er kann desinfizieren, vitalisieren und bei starker Belastung von Beinen und Füßen Entlastung bringen.
Außerdem kann er, obwohl er gegen Fußschweiß hilft und von daher leicht kühlt, trotzdem die Füße wärmen. Dieses Paradoxon begreift, wer schon einmal auf ätherischem Öl basierende Salben verwendet hat. Die können nämlich gleichzeitig wärmen und kühlen und dabei ganz unbeschreiblich wohl tun. Genauso ist es mit dem Zimt. Er wärmt und kühlt, er harmonisiert und tut einfach rundherum gut. Er ist ein wahres Geschenk des Himmels und befördert den Anwender schnurstracks auf Wolke sieben.
Hier bei uns verbinden wir den Duft und Geschmack von Zimt meist mit der kalten Jahreszeit. In Asien ist das nicht der Fall. Die Assoziation von Zimt mit kalter Jahreszeit kann man getrost aus seinem Biocomputer löschen.
Auch die Zimtsohlen brauchen nicht auf den Winter und die Übergangszeiten beschränkt zu bleiben. Manche Menschen leiden gerade im Sommer an Hühneraugen, Dornwarzen, Fuß- und Nagelpilz, an geschwollenen, strapazierten Beinen und Füßen. Bei Frauen mit chronischer Blasenentzündung (Zystitis) sind die Symptome besonders während der warmen Jahreszeit unangenehm und einschränkend, zum Beispiel, wenn sie schwimmen gehen wollen. Meist wird eine solche Blasenentzündung von kalten Füßen begleitet. Ist für gleichmäßig warme Füße gesorgt, bekommt man die Erkrankung schneller in den Griff.

In stabilen, vorn und an der Ferse geschlossenen Sandalen lassen sich die Sohlen auch und gerade im Sommer angenehm tragen, egal, ob mit Strümpfen oder barfuß. Ohne Strümpfe wirkt die stimulierende Massage der Füße durch das Gesteppte umso direkter.

In die »Erfindung« dieser Sohlen floss neben dem Wissen um die Heilkräfte des Zimt auch das Wissen um die Fußreflexzonentherapie ein, die davon ausgeht, dass sich alle Organe und körperlichen Besonderheiten auf der Fußsohle widerspiegeln und dass die Zonen sowie die entsprechenden Körperteile über Nervenbahnen miteinander verbunden sind. Eine Fußreflexzonenmassage kann sich also positiv auf einen erkrankten Körperteil auswirken, ohne dass dieser Körperteil direkt berührt wird.

Verschiedene antike Völker und Volksstämme kannten die Fußreflexzonenmassage. Die moderne Form davon geht auf den amerikanischen Hals-Nasen-Ohrenarzt Dr. William Fitzgerald zurück, der darüber zum ersten Mal im Jahr 1917 schrieb.

Die deutsche Soziologin und Sozialarbeiterin Elisabeth Bliklen lebte viele Jahre lang in Indien und Südamerika. Sie kennt sich mit natürlichen Heilmethoden bestens aus. Eines Tages hatte sie die Idee, wirklich hervorragende Zimtsohlen herzustellen. Im Jahr 2002 richtete sie nahe der indischen Stadt Madras einen kleinen Betrieb ein, in dem heute 80 indische Fachkräfte ausschließlich mit der Herstellung von Zimtsohlen beschäftigt sind: erstklassig, was die Qualität des Materials, die Verarbeitung und die Zimtfüllung angeht (es handelt sich um besten ceylonesischen Zimt), ästhetisch schön, stabil und professionell gemacht, angenehm anzufassen und zu tragen, wunderbar in Duft und therapeutischer Wir-

kung. In dem Betrieb herrschen die Prinzipien des fairen Handels. Aus all diesen Gründen rechtfertigt sich der vergleichsweise hohe Preis.
Das Ministry for Food and Beverages in Indien testet diese Sohlen regelmäßig. Anders als in anderen, preiswerter angebotenen Sohlen, sind hierin keinerlei organische oder chemische Verunreinigungen festzustellen.
Noch etwas zur Anwendung. Damit sich der Zimt im Gesteppten nicht verhärtet, nehmen Sie die Sohlen hin und wieder aus den Schuhen heraus. Klopfen, drücken und kneten Sie sie zuerst durch und hängen Sie sie dann für einige Stunden an einem luftigen, trockenen Ort »zum Durch-

▲ *Zimtsohlen – die Wirkung ist harmonisierend*

atmen« mit Wäscheklammern auf die Leine, bevor Sie sie wieder in die Schuhe legen.
Sollten die Sohlen einmal nass werden, föhnen Sie sie vorsichtig mit einem nicht zu heiß eingestellten Föhn trocken und schütteln, kneten und klopfen Sie sie dabei immer wieder gründlich durch.
Sie sollten die Zimtsohlen häufig tragen, am besten parallel ein Paar in den Alltagsschuhen und eines in den Hausschuhen. Sind Sie ungefähr drei Monate lang praktisch pausenlos auf diesen Sohlen gegangen, ist deren Lebensdauer im wahrsten Sinne des Wortes abgelaufen. Die beiden Stofflagen wurden ausreichend strapaziert, der Zimt hat sich selbst und seine Heilkraft größtenteils verströmt. Ein erneutes Auffüllen würde sich nicht lohnen. Entsorgen Sie die Sohlen und machen Sie entweder Pause oder legen Sie ein neues Paar ein.
Am besten kaufen Sie ein oder zwei Paar Zimtsohlen, die Sie nach einiger Zeit durch neue ersetzen. So haben Sie die Gewissheit, dass der Zimt zwischen der Baumwoll- und der Satinschicht frisch ist und alle medizinisch wirksamen Eigenschaften besitzt. Sollten Sie Sohlen lagern wollen, öffnen Sie nicht die Kunststoff-Verpackung, in der sie geliefert werden. Wenn die nämlich heil bleibt, behalten die Sohlen ihre Wirksamkeit noch etwa ein Jahr lang.
Die Herstellerin erhält Briefe von begeisterten Zimtsohlen-Trägern, die ihre persönlichen Erfolge schildern: Schmerzende Hornhaut und Fußpilz haben sich verabschiedet, der regelmäßige Gang zur Fußpflegerin muss nicht mehr sein. Die Füße werden nicht mehr so schnell kalt. Probleme mit unangenehm geschwollenen und brennenden Füßen haben sich wesentlich verringert. Eine Kundin, die im Zusammenhang mit ih-

ren Wechseljahren an extremen Hitzewallungen gelitten hatte, spürte eine große Erleichterung. Viele Personen berichten von raschen Erfolgen. Bei anderen Personen hat der Erfolg allerdings einige Zeit auf sich warten lassen.
Sie können mit den Zimtsohlen im Grunde nichts falsch machen, denn, wie gesagt, die Wirkung ist harmonisierend und reguliert sich selbst. Vorsichtig sein müssen nur Bluthochdruckpatienten, Schwangere und Allergiker. Sie sollten mit dem Arzt Rücksprache halten und im Zweifelsfalle Zimt als Gewürz, in Form von ätherischem Öl und Zimtsohlen meiden.
Nach einer Schwangerschaft kann Zimt dem Körper allerdings wieder sehr gut tun. Und wenn sich die frisch gebackene Mutter dann richtig erholt hat, interessiert sie sich vielleicht für die Tatsache, dass Zimt die männliche Potenz steigert und bei Mann und Frau die Sexualität anregen kann. Zimt ist, wie gesagt, ein Aphrodisiakum …

Fußbad mit Zimtstange

Ein regelrechtes Allround-Heilmittel gegen verschiedenste Beschwerden sind warme Fußbäder in einem Eimer, einer Schale oder einer nur ganz flach mit Wasser gefüllten Badewanne. Wohlgemerkt, es sind hier weniger Bäder zur Reinigung, sondern therapeutische Fußbäder gemeint. Sie fördern die Durchblutung, stabilisieren den Kreislauf, wärmen, entspannen und entlasten Füße, Beine und den gesamten Körper. Außerdem wirken sie Wunder bei Blasenentzündungen, an denen viele Frauen lei-

den. Vorsicht allerdings, wenn Sie Krampfadern oder Lymphödeme haben. Dann müssen Sie leider verzichten.
Hier ist eine Anleitung für ein Fußbad, das die heilenden Substanzen direkt aus der Zimtstange zieht.

1 Zimtstange (Kassia oder ceylonesischer Zimt)
Steingut- oder Porzellanbecher
Eimer
Wollsocken

In einem Steingut- oder Porzellanbecher eine Zimtstange mit kochend heißem Wasser überbrühen und bis zu zehn Minuten lang ziehen lassen. Verwendet werden kann ceylonesischer Zimt, in diesem Fall passt aber auch Kassia, also chinesischer Zimt, dessen Stangen dicker und gröber sind. (Von solch einer Stange nur einen Teil verwenden.)
Das Fußbad in einer Schale, einem Eimer oder in der Badewanne vorbereiten. Den Zimtsud dazugeben und die Füße 10 bis 15 Minuten lang darin baden. Ruhig immer wieder etwas heißes Wasser nachfüllen, damit das Wasser nicht abkühlt, sondern in seiner Temperatur möglichst sogar noch ansteigt.
Nach dem Baden die Füße gründlich abtrocknen, auch zwischen den Zehen. Dazu kann ein Föhn verwendet werden, der nicht zu heiß eingestellt werden sollte.
Eventuell die Füße mit einer Creme eincremen, der ein oder zwei Tropfen Zimtblätteröl zugefügt wurde.
Dicke Wollsocken anziehen, damit sich die Wärme in den Füßen gut hält.

Fußbad mit Zimtblätteröl

Das eben beschriebene Fußbad kann auch statt mit einem Zimt-Sud mit emulgiertem Zimtblätteröl zubereitet werden. Oder mit einem der anderen weiter oben beschriebenen Gewürzöle, zum Beispiel dem vom Zitronengras.
Zwei bis drei Tropfen Zimtblätteröl in eine Hand voll Salz drücken, und zwar so lange, bis sich das Öl ganz mit dem Salz verbunden hat. Heißes beziehungsweise sehr warmes Wasser über die Hand laufen lassen und das Fußbad so machen, wie eben beschrieben.

Praktisches zu Zimt und anderen scharfen Sachen

Am besten kaufen Sie Zimt und andere Gewürze noch ungemahlen, denn in gemahlenem Zustand könnten sie verfälscht und »gestreckt« sein. Außerdem halten sich Geschmack und gesundheitlich wirksame Stoffe so besser. Wenn Sie Ihre Gewürze selbst mahlen, sind Sie auf der sicheren Seite. Beim Einkauf auf gute, nicht verblasste Farbe und angenehmen Duft achten.

Frisches Zitronengras und Curryblätter halten sich im Gemüsefach des Kühlschranks etwa eine Woche lang. Knoblauch, Ingwer und frischer Kurkuma überleben hier mehrere Wochen. Bei Ingwer und Kurkuma einfach das eingetrocknete Ende abschneiden.

Vanilleschoten und Pfefferkörner bleiben von allen getrockneten Gewürzen am längsten frisch – mehrere Jahre lang. Alle anderen Gewürze sollten spätestens nach einem Jahr entsorgt werden.

Bewahren Sie sie luftdicht in Dosen oder in braunen, lichtunempfindlichen Gläsern auf. Solche Behältnisse sind in Apotheken und in gut sortierten Haushaltswarengeschäften erhältlich. Bekleben Sie jeden Behälter mit einem Etikett, das Sie mit dem Namen des Gewürzes und mit dem Kaufdatum versehen.

Besonders Safran sollte vor Licht und Feuchtigkeit geschützt werden, denn er bleicht sehr schnell aus und verliert an Aroma. Muskatnuss ist anfällig für Schimmelpilzbefall. Davon nur besonders geringe Mengen kaufen und vor der Verwendung immer kontrollieren, ob damit alles in Ordnung ist. Sie ist so hart, dass sie sich nicht mahlen lässt, sondern mit einer kleinen Reibe gerieben werden muss.

Koriander und Bockshornkleesamen lassen sich leicht in einer Pfeffermühle mahlen. Schneller geht es in einer altmodischen handbetriebenen oder in einer elektrischen Kaffeemühle. Diese Mühle sollte aber für Gewürze reserviert bleiben, denn sie nimmt den Geruch des Mahlguts an. Es gibt spezielle elektrische Gewürzmühlen, ebenso mechanische, die den bekannten Pfeffermühlen ähneln. Sie sind in teurer Luxusausführung, aber auch in einer einfachen Version erhältlich.

Eine weitere Möglichkeit, Gewürze zu zerkleinern, ist das Mörsern. Ein Mörser ist ein starkes Gefäß mit einem halbkugelförmigen Boden, in den ein Kolben passt. Mit diesem Kolben lässt sich das Mahlgut fein zerstoßen und zerstampfen. Manchmal geht es leichter, wenn man zu den Gewürzen ein bisschen Salz hinzufügt.

Auch Mörser werden in verschiedenen Ausführungen und Preisklassen angeboten. Ein Holzmörser eignet sich nicht für Zimt und andere Gewürze, denn Holz gibt immer ein wenig nach. Aber Porzellan und Marmor passen gut. Mörser und Mühlen sind in Haushaltswarengeschäften erhältlich.

Kreativ mit Gewürzen

Die in den Vereinigten Staaten lebende indische Erfolgsautorin Chitra Banerjee Divakaruni schreibt in ihrem Roman »Die Hüterin der Gewürze« über Tilo, eine Inderin, die in Oakland, Kalifornien, einen Gewürzladen betreibt. Was ihre Kunden auf den ersten Blick nicht mitbekommen: Tilo ist eine Schamanin, die erkennen kann, wer welches Gewürz braucht, um gesund zu werden oder seine Träume erfüllt zu bekommen.

Über den Zimt schreibt Chitra Divakaruni, er sei ein Freundschaftsschließer und Zerstörer von Feindschaften. Tilo gibt ihn dem aus Indien eingewanderten Jungen Jagjit, der sich in Amerika noch nicht zu Hause fühlt. Der Zimt soll ihm helfen, wirklich an seinem neuen Wohnort anzukommen, Freunde zu finden und die unbekannte Sprache schneller zu erlernen.

Für jeden problembeladenen Kunden findet Tilo die passende Spezerei, bevor sie sich in einen Amerikaner so unsterblich verliebt, dass sie akzeptieren muss: Gegen die Liebe ist kein Kraut gewachsen.

Welches könnte das Gewürz sein, das Ihnen persönlich auf allen Ebenen Kraft, Zufriedenheit, gute Ideen, Freude, Entspannung gibt und das Ihnen hilft, Ihre Wunschträume zu erfüllen? Vielleicht ist es eins, das gar nicht unbedingt mit dem idealen Duft und Geschmack daherkommt. Möglicherweise tut sich ein ganz anderer Zusammenhang auf, wenn Sie Ihre Fühler ausstrecken und sich in Geduld fassen.

Überhaupt regen Gewürze dazu an, die Antennen auszufahren, nachzuforschen, kreativ zu werden. Wer einmal seine Begeisterung dafür entdeckt hat, wird zu diesem Thema an vielen Orten Informationen finden, in Zeitungen und Zeitschriften, in Büchern, im Fernsehen, im Kino, in Geschäften, auf Märkten, bei Nachbarn und Freunden. Und natürlich beim Essen – das sind dann die Informationen der ganz anderen Art …

Leute mit Lust und Liebe für das Dekorative fühlen sich durch schöne Formen wie die Kugeln des Piment, die offenen Blüten des Sternanis, die eingerollten, länglichen Zylinder des Zimt inspiriert, zum Beispiel für die Verschönerung von Blumengestecken und Tischdekorationen, für die Garnierung von Speisen …

In diesem Buch haben Sie viele Anregungen erhalten, wie Sie für Gesundheit und Küche mit Gewürzen, besonders mit Zimt, schöpferisch sein können. Aber es sollen tatsächlich nur Anregungen sein. Möglich ist noch viel mehr, die Fantasie darf sich austoben.

So wünsche ich Ihnen viele gute Ideen, jede Menge Spaß und wohl bekomm's mit Zimt und anderen scharfen Sachen.

Adressen

Seit dem Jahr 2004 gibt es die Firma PhytoSana, die Wohlfühlprodukte mit Kräutern und Gewürzen herstellt, unter anderem mit Zimt. Man kann sich dort Zimtbonbons, Duschgel und Körperlotion mit Zimt besorgen. Alle Zutaten sind von hervorragender Qualität. Man erhält die Produkte auch in Apotheken und ausgewählten Drogerie- sowie Supermärkten.
PhytoSana GmbH, Breitwasenring 2, 72135 Dettenhausen.
Telefon: (07157) 66 99 41
Internet: www.phytosana.de

Alfons Schuhbeck hat ein wundervolles Gewürzgeschäft in München »Am Platzl«. Kaufen kann man auch über das Intenet: www.schuhbeck.de

Schon seit 1887 besteht das Kräuterparadies Lindig in München nahe dem Viktualienmarkt. Dort kann man Gewürze einkaufen, man kann sie sich aber auch bestellen und zuschicken lassen.
Kräuterparadies Lindig, Blumenstraße 15, 80331 München.
Telefon: (089) 26 57 26
Internet: www.seit1887.de

Im Reformhaus gibt es hochwertige und nach den Prinzipien des fairen Handels erzeugte Gewürze von der Gewürzmühle Brecht. Im Naturkosthandel finden Sie ebensolche Gewürze von Probio.

Übrigens sind sowohl im Hinblick auf ätherische Öle und Trägeröle als auch im Hinblick auf Gewürze selbst Apotheken schon immer eine hervorragende Anlaufstelle gewesen. Dort können Sie bestellen, was Sie brauchen, und eine gute Beratung erhalten Sie noch dazu. Manchmal sind die Preise höher als anderswo, aber dafür ist beim Kauf in der Apotheke die Qualität garantiert. Es wird immer schriftlich dokumentiert, wo was herkommt, das heißt, sollte mal etwas schief laufen, lässt sich alles nahtlos zurückverfolgen.

In der Speicherstadt Hamburg gibt es ein kleines Gewürzmuseum mit dem Namen »Spicy's«. Die Adresse lautet:
Am Sandtorkai 32, 20457 Hamburg
Internet: www.spicys.de

Ein größeres Museum gibt es in Unterfranken, nahe Kitzingen.
Abtswinder Kräutertee-Laden, Ebracher Gasse 11–13, 97355 Abtswind
Internet: www.abtswinder-kraeuterteeladen.de

Zimtsohlen und Zimtkapseln können Sie unter folgender Adresse bestellen:
Elisabeth Bliklen, Hauptstraße 27, 79879 Ewattingen.
Internet: www.zimtprodukte.de

Eine weitere Bestelladresse für Gewürze und Zimtsohlen lautet: Govinda-Versand, Waldstraße 18, 55767 Abentheuer, Telefon: (06782) 98 90 01
Internet: www.govinda-versand.de

Susanne Fischer-Rizzi hält Seminare über verschiedene Themen, unter anderem über Aromatherapie und übers Räuchern: Arven, Schule für Heilpflanzenkunde, Aromatherapie und Wildniswissen, Postfach 24, 87477 Sulzberg.
Internet: www.susanne-fischer-rizzi.de

Marlis Bader bietet Räucherseminare und energetische Reinigungen von Wohnungen und Häusern an. Internet: www.marlisbader.de

Sie ist Mitarbeiterin der »Blumenschule« in Schongau, eine Autostunde südwestlich von München gelegen. Dort finden auch viele ihrer Veranstaltungen statt. In der Blumenschule kann man die von ihr zusammengestellten Räuchermischungen kaufen. Außerdem sind dort viele Gewürzpflanzen erhältlich. Sie werden mit einem Spezialversand zugestellt. Unter anderem gibt es viele unterschiedliche Chilipflanzen, es gibt Curryblattbäume, Kurkuma, Ingwer, Knoblauch, Korianderkraut, Kümmel und Wacholder, essbare Blumen und vieles mehr. Einen hervorragenden Überblick liefern die liebevoll gestalteten Pflanzenalmanachs.
Die Blumenschule, Augsburger Straße 62, 86956 Schongau.
Internet: www.blumenschule.de

Die Webseiten von Irene Dalichow können Sie hier anklicken:
www.randomhouse.de/dalichow
Ihre E-Mail-Adresse lautet: irene.dalichow@gmx.de
Per Post erreichen Sie sie folgendermaßen:
Irene Dalichow, c/o Herbig-Verlag, Thomas-Wimmer-Ring 11, 80539 München

Literatur

Aepli, Beatrice: *Curry*. Midena und Fona-Verlag, Küttingen 2000
Bader, Marlis: *Räuchern mit heimischen Kräutern*. Kösel, München 2003
Bader, Marlis: *Wohnen in guter Energie*. Kösel, München 2006
Bültjer, Ulrike: *Lexikon der Kräuter und Gewürze*. Bassermann, München 2002
Caldicott, Chris und Carolyn: *Die Gewürzstraßen der Welt*. Christian-Verlag, München 2002
Dalichow, Irene: *Bienengeheimnisse*, Goldmann, München 2009
Dalichow, Irene: *Die Blütenapotheke*, Goldmann, München 2011

Dalichow, Irene: *Salz – Ein Ur-Heilmittel neu entdeckt.* Goldmann, München 2002

Dalichow, Irene: *Gesund mit Zimt.* Knaur, München 2004

Dalichow, Irene: *Die Gewürzapotheke – Gesund und glücklich mit scharfen Sachen.* Goldmann, München 2006

Davis, Patricia: *Aromatherapie von A–Z.* Knaur, München 1990

Divakaruni, Chitra Banerjee: *Die Hüterin der Gewürze.* Diana, München, Zürich 2000, 9. Aufl.

Fischer-Rizzi, Susanne: *Botschaft an den Himmel.* Hugendubel, München 1996

Fischer-Rizzi, Susanne: *Himmlische Düfte – Aromatherapie.* AT-Verlag, Aarau 2002

Francia, Luisa: *Das magische Kochbuch.* Mary Hahn Verlag, München 2001

Gayler, Paul: *Vegetarische Küche.* Dorling Kindersley, London, New York, München, Sydney 1999

Heidböhmer, Ellen: *Gesund mit Ingwer.* Herbig-Hausapotheke. Herbig, München 2006

Hertzka, Gottfried/Strehlow, Wighard: *Küchengeheimnisse der Hildegard-Medizin.* Bauer, Freiburg 1985

Hildegard von Bingen: *Heilkraft der Natur – »Physica«.* Herder, Freiburg, Basel, Wien 1997

Jürgens, Bernd: *Hausrezepte der Naturheilkunde.* Knaur, München 1993

Mahn, Manuela/Schenk, Alexander: *Naturgesund mit Gewürzen.* vgs, o.O., 2004

Müller-Nothmann, Sven-David/Reimers, Claudia: *Zimt gegen Zucker.* Knaur, München 2005

Norman, Jill: *Das große Buch der Gewürze.* AT-Verlag, Aarau 1991

Oon, Violet/Witzigmann, Eckart: *Curry.* Teubner Edition, Füssen 1999

Pahlow, Mannfried: *Gesunde Gewürze.* Hirzel, Stuttgart 2000

Panjabi, Camellia: *Currys – Das Herz der indischen Küche.* Christian-Verlag, München 2000

Pfeifer, Wolfgang u. a.: *Etymologisches Wörterbuch des Deutschen.* Akademie-Verlag, Berlin 1993

Posch, Helmut: *Was ist Hildegard-Medizin?* Eigenverlag, St. Georgen 1983

Saller, Richard / Bettschart, Roland: *Die Heilkraft der Gewürze.* Gräfe und Unzer, München 2002, 5. Aufl.

Schuhbeck, Alfons: *Feine Gewürz- und Kräuterküche.* Zabert Sandmann, München 2000, 2. Aufl.

Somerville, Annie: *Fields of Greens – New Vegetarian Recipes from the Celebrated Greens Restaurant.* Bantam, New York 1993

Tresidder, Jack: *Dictionary of Symbols.* Chronicle Books, San Francisco 1998

Vaupel, Elisabeth: *Gewürze – Acht kulturhistorische Portraits.* Deutsches Museum, München 2002

Walker, Barbara G.: *Die geheimen Symbole der Frauen.* Hugendubel, München 1997

Wenzel, Petra: *Hausapotheke.* Gräfe und Unzer, München 1996

Wells, Troth: *Zauber der Gewürze.* Werd-Verlag, Zürich 1996

Zimmermann, Eliane: *Aromatherapie für Pflege- und Heilberufe.* Sonntag-Verlag, Stuttgart 1998

Zittlau, Jörg: *Heilende Gewürzküche.* Ludwig, München 1998

Außerdem wurden Informationen aus dem Internet verwendet, vor allem aus den hervorragenden »Gernot Katzers Gewürzseiten«, www.uni-graz.at

Anmerkungen

1 Vom 19.11.2005
2 Nr. 2/2006
3 Am 21.10.2005 in BR Alpha
4 www.salamandra.de
5 Aus: Caldicott, Chris und Carolyn: »Die Gewürzstraßen der Welt«, siehe Literatur
6 »Feine Gewürz- und Kräuterküche«, siehe Literatur
7 Vom 12.1.2004
8 In seinem mit Violet Oon verfassten Buch »Curry«, siehe Literatur
9 In der »Apothekenumschau« vom 1.3.2006
10 BR III, 31.3.2006
11 Am 30.1.2006
12 Mehr dazu in: Irene Dalichow: »Die Gewürzapotheke«, siehe Literatur
13 In: »Das magische Kochbuch«, siehe Literatur
14 Mehr dazu in Ellen Heidböhmer: »Gesund mit Ingwer«, siehe Literatur
15 Aus: TIME, 20.2.2006
16 Mehr dazu in: Irene Dalichow: »Salz – Ein Urheilmittel neu entdeckt«, siehe Literatur
17 In: Forum für Aromatherapie und Aromapflege, 4/1993

Die Autorin

Irene Dalichow ist ausgebildete Redakteurin und hat ein Diplom in Erziehungswissenschaften. Sie arbeitet als Journalistin und Buchautorin in München. Ihr besonderes Interesse gilt pädagogischen, psychologischen, spirituellen und alternativmedizinischen Themen. Mit Gewürzen beschäftigt sie sich, seit sie 2002 über die Gewürzausstellung im Deutschen Museum München berichtete.
www.randomhouse.de/dalichow